Petit traité de vélosophie

Didier Tronchet

Petit traité de vélosophie

Le monde vu de ma selle

Plon

Des extraits du Petit Traité de vélosophie *sont parus en feuilleton dans le quotidien* Libération.

Les dessins sont de l'auteur.

ISBN : 2-259-19314-5.

La différence d'attitude face au monde entre le cycliste et l'automobiliste, c'est au plus intime qu'on peut la saisir. Au niveau du cul (postérieur). Observons celui du cycliste ; légèrement en arrière, il favorise l'envol de la colonne vertébrale. La posture est proche de la statuaire antique. Elle induit une vision dynamique, un mouvement vers l'avant qui témoigne d'une belle confiance en ce que la vie lui réserve.

Le postérieur automobiliste, coincé au confluent du dossier et du siège, ne peut se permettre l'arrogance d'un cul cycliste, qui exporte ses fessiers aux confins sans limites de la selle. Non, tout racrapauté sur sa molle concavité, il implique chez son propriétaire une pose semi-fœtale, qui trahit son repli sur lui-même ; impression renforcée par la simili-coquille d'œuf galvanisée de son habitacle, illusoire parodie de sécurité placentaire car elle se brisera au premier gros choc.

Cette prostration évoque l'avachissement du téléspectateur sur son sofa. Dans les deux cas, la tête doit renoncer à tout port un tant soit peu altier. Dans les deux cas, l'image qui nous est renvoyée, d'une humanité au volant, ou d'une humanité devant l'écran, est indigne.

L'automobiliste nous objectera qu'il s'en fout, qu'en voiture on avance plus vite. Le cycliste objectera que si c'est au prix de la dignité, ce n'est pas avancer. C'est reculer.

Le cycliste, droit comme un *i*, juché sur un vélo hollandais, arbore un port de tête d'aristocrate britannique ou d'officier de l'armée des Indes. La tranquille majesté de son véhicule se transmet à lui par osmose. Cet ensemble étroitement imbriqué homme-machine dégage une incontestable impression de noblesse.

L'imbrication vaut aussi pour l'ensemble voiture-conducteur. A cette différence que l'automobiliste ne donne plus le sentiment de faire corps avec sa voiture, mais bel et bien d'en être prisonnier.

Que les portières puissent être déverrouillées à tout instant, et que la prison soit mobile, ne change rien à cette première vision négative offerte par l'automobiliste ; captif prostré dans une ambiance skaï, doublement privé de sa liberté par une carcasse de métal et par une ceinture qui fait de lui le prolongement organique du siège avant.

L'alternance régulière pied gauche-pied droit qui engendre la rotation tranquille, voire pépère, du pédalier, n'est pas sans rappeler le va-et-vient du pendule et ses vertus hypnotiques.

Car peut-être s'agit-il aussi d'hypnose, quand le tic-tac métronomique des moyeux et le mouvement de pompe alternatif des genoux entraînent le vélo vers l'avant, et son passager dans un état d'apaisement, entre veille et rêve, entre sol et ciel.

Dans ces moments de dilution du regard, il n'est pas impossible que surgisse fugitivement chez le cycliste la vision que l'axe de son pédalier est l'axe du monde (*axis mundi*). Et, dans une certaine mesure, il l'est.

La véritable révolution (vélorution) peut tout simplement venir de cette alternative matinale : je prends mon auto ou mon vélo ?

Celui qui aura choisi la voiture et donc enchaîné des mouvements secs, précis et mécaniques, subi les embouteillages avec résignation ou excitation, bataillé pour trouver une place de stationnement, emporte avec lui dès le début de sa journée de travail une partie de cette Programmation neuro-linguistique fortuite. Il est à craindre qu'elle pèsera de toute sa nocivité sur ses moindres décisions ou relations humaines. Celui-là est bien parti pour alimenter de son feu déjà bien attisé le grand Moloch de l'esprit de compétition.

Imaginons que le même homme ait choisi de prendre sa place dans le Grand Processus de Production, plutôt à vélo. Attaché-case sur le porte-bagage il aura humé l'air vif, surfé entre les tôles d'acier agglutinées, coursé un moineau fou, été transpercé par cette lumière matinale du début du monde, et « revirginisé » de par ce fait.

Ainsi, dans l'état singulier d'ouverture que procurent les sensations, son attitude au travail en aura été transfigurée. Même dans des proportions infimes (poison lent, ou plutôt contrepoison). Et un peu plus chaque jour, jusqu'à ce que (pourquoi pas ?) la vacuité absolue de son activité humaine lui éclate au nez comme une chambre à air dans une descente. Inoculons le vélo.

Parenthèse : le vélo n'est pas une non-auto. Défendre la pratique du vélo pourrait se concevoir en soi, sans opposition à l'automobile. Mais la colonisation de l'espace vital par les quatre-roues, leur omniprésence visuelle et olfactive obligent l'amoureux de la petite reine, par nature pacifique, à une réaction d'auto (sans jeu de mot)-défense.

Il s'agit d'un long travail de reconquête idéologique, face à la déferlante de l'imagerie automobile : du culte sous-jacent de la virilité à l'apologie explicite d'un Occident technologiquement dominant.

Nous n'avons à opposer que la petite voix chevrotante et indignée de la vieille dame en dentelles blanches, éclaboussée par le passage d'un trente tonnes dans une flaque d'eau. C'est notre seule arme, ne nous en privons pas. Chevrotons.

Exister à vélo implique donc de vociférer contre la voiture. C'est une question de survie. Dans l'équilibre naturel, les prédateurs trop nombreux menacent la disparition d'une espèce.

On pourrait considérer que, avec ses 10 000 morts par an rien qu'en France (35 millions de morts depuis sa création, selon la Croix-Rouge), l'automobile est devenue le premier prédateur de l'homme.

Et pourtant, la croissance de l'industrie automobile est considérée comme un indicateur de prospérité. On est pris de vertige devant la capacité d'auto-aveuglement de l'humain qui, dans une certaine mesure, instrumente sa propre extermination. Sans parler même de la fascination que la voiture exerce (digne de celle du cobra avant l'attaque mortelle) sur ses victimes (ou futures victimes) dont les revues spécialisées, publicités clinquantes valorisant la vitesse, et autres Salon de l'auto sont les manifestations les plus aberrantes.

Jamais aucune autre espèce, dans l'histoire de la création, n'avait engendré son propre prédateur avec autant d'enthousiasme.

Jamais les souris n'iront au Salon du chat.

A propos de Salon de l'auto, on notera la perversité sans limites des grands communicateurs publicitaires en matière automobile : pour symboliser les cent ans du « Mondial de l'auto », ils ont choisi d'écrire le chiffre cent avec... des arbres. Quel rapport entre un tas de tôles qui crache de la fumée et tue 35 millions d'êtres humains (pour résumer) et un symbole végétal d'harmonie qui produit l'oxygène nécessaire à la vie ?

Utiliser l'arbre pour faire la pub de la voiture, c'est se servir du poumon pour glorifier la cigarette. Le seul rapport entre l'arbre et la voiture ne peut être que frontal. Et l'homme n'en sort pas grandi (et même généralement ratatiné). Entre un platane de bord de route et une auto qui dérape, le vainqueur ne fait pas de doute.

Si Albert Camus avait pris le train, il n'aurait pas eu à vérifier par lui-même cette incompatibilité d'humeur arbre-voiture, dont les promoteurs du « Mondial de l'auto » ont pourtant fait leurs choux gras, quarante ans plus tard, toute honte bue.

Le cycliste urbain est par nature un inventeur. La solitude, au milieu d'une marée automobile, lui confère le sentiment de devoir se battre pour imposer son univers. Son mode de transport archi-minoritaire (un vélo pour dix mille voitures à Paris ?) le conforte dans l'idée qu'il vit l'ère glorieuse des pionniers, que tout reste à inventer. Et cette page blanche de l'histoire de l'humanité écrite de ses pneus est un beau défi qu'il relève chaque jour en même temps que la tête, un œil sur la circulation, pour éviter d'être un martyr prématuré de la science.

Voilà pourquoi, messieurs les automobilistes qui les insultez, messieurs les agents qui les verbalisez, voilà pourquoi les cyclistes décrivent des arabesques insaisissables sur la chaussée, voilà pourquoi ils passent au rouge ou roulent sur les trottoirs.

Dans un organisme urbain où ils ne sont qu'un corps étranger, dans une cité hostile, ils inventent une façon d'être qu'on ne leur a pas prévue. Ils esquissent dans l'espace le brouillon d'une ville à vélo, ils tracent, ils raturent. Leurs déboîtements sont des remords d'artiste. Ils sont tout à leur acte créatif, dans la fièvre de l'ébauche. Ne les jugez pas maintenant, mais quand sortira la première épreuve.

En attendant, cessez ces coups de klaxon, laissez tomber

vos sifflets stridents, faites silence en suspendant votre respiration comme vous le feriez devant l'enfant qui fait ses premiers pas dans un équilibre sans cesse au bord de la rupture. Observez-les avec une indulgence attendrie. Ils cherchent, en chancelant, un nouvel équilibre qui va remettre la ville en marche.

Il arrive que la liberté papillonnante du deux-roues qui folâtre entre les voitures à l'arrêt, qui remonte les files bloquées aux feux rouges avec cet air de le faire en sifflotant, excite l'agressivité du conducteur incarcéré. Le scarabée-bousier poussant inlassablement devant lui sa boule d'excréments pourrait entretenir la même rancœur à l'égard du paon-du-jour gavé de pollen qui volette insouciant d'un cocktail d'étamine à un autre, s'il avait cette faculté de jugement dont le Créateur de Toutes Choses l'a bien heureusement épargné. L'automobiliste, en revanche, l'a. Et à ce moment précis gageons qu'il en souffre. Et le signifie sans aménité (« Hé ! Le vélo... Tu te crois tout permis ? ! Connard ! »).

Face à cette souffrance, qui n'est rien d'autre qu'un appel au secours mal exprimé, nous autres, hommes libres à vélo surnageant au cœur des marées d'acier enchevêtrées (bouchons), devons faire preuve de compassion. Et ne voir dans ce visage déformé par l'invective derrière son pare-brise qu'une sorte de comte de Monte-Cristo emmuré dans son château d'If mobile (quoique en l'occurrence, à peine).

En retour, offrons-lui donc un sourire de commisération, suivi d'un geste bonhomme de la main, qui ne manquera pas d'être interprété comme de la provocation. Ce qu'il sera tout de même un petit peu, avouons-le.

Le vélo offre une possibilité exceptionnelle de taquiner la chansonnette sans honte, puisque personne ne vous entend. Faites le test : à vitesse moyenne, les passants ne pourront capter qu'une syllabe, et vous êtes déjà dix mètres plus loin. On peut donc sans vergogne tâter de tous les registres sans encourir les foudres d'éventuels badauds mélomanes qu'une malheureuse rime isolée ne dérangera pas dans leurs convictions musicales peut-être intégristes.

J'ai souvent observé que les disques s'enclenchaient sur mon juke-box intime, à mon insu. Dans le meilleur des cas, ça donne Brassens, dont la rythmique binaire convient bien à une ascension régulière. Il m'arrive donc parfois sans le vouloir de me retrouver « au-près de mon ar-breu », dans une mansarde pour tout logement, avec des lézardes sur le firmament. Une autre fois, j'ai traversé tout Paris en scandant, en boucle, *Rame, rame, rameur, ramez* de Souchon, prétendant une bonne centaine de fois « qu'on arrive à rien dans c'canoë », et lançant à la cantonade un paradoxal « Tais-toi et rame », quand moi-même je ne cessais de beugler, tout en suant sang et eau.

Dans le pire des cas, c'est Michel Sardou que je me surprends en train de chanter à pleins poumons. Pour une raison qui m'échappe. Réminiscence de l'enfance (combien de slow fiévreux dansés sur *La Maladie d'amour* lors de boums initiatrices ?). Ou alors me laissé-je emporter par le lyrisme torse bombé-œil de braise du Grand Michel ? Toujours est-il qu'il m'est souvent arrivé de demander, sur un ton qui n'admettait pas de réplique, qu'on ne m'appelle « plus jamais France » (la France, elle m'a laissé tomber). Ça ne me nuit aucunement en termes d'image de marque, puisque cette supplique (pour être coulé sur la plage de Saint-Nazaire) reste lettre morte, tant qu'aucun passant n'en capte la vibrante intensité.

Sauf si par mégarde je continue de donner de la voix, à

l'arrêt, au feu rouge, entre deux voitures, vitres baissées. En ce cas, les conducteurs consternés, qui n'avaient aucunement l'intention encore de m'appeler France, me renvoient un haussement de l'épaule et du sourcil qui en dit long sur leur faible sensibilité à la thématique des paquebots débaptisés, et me laissent échoué sur place, longtemps après que le feu est passé au vert, « un corps mort, pour les cormorans ».

Aucune petite peine ne résiste à un bon coup de pédale. Tristesse, coup de blues... Enfourchons le vélo. De toute urgence. Et dès les premiers tours de pédalier, cette impression, physique, qu'un voile se déchire. Sous la gifle du vent ou la caresse du déplacement d'air, une évidence : nous étions englués. Le sentiment de tristesse s'était collé à la peau, aux vêtements, insidieusement il nous avait recouverts d'une gangue poisseuse sous laquelle le souffle était court, les épaules voûtées et l'avenir sans avenir. Ce parasite nous suçait la moelle et allait finir par imposer sa vision du monde, « un ciel bas et lourd (qui) pèse comme un couvercle ».

La carapace a sauté, juste avant sa solidification. Juste avant que le spleen baudelairien ne vienne « sur mon crâne incliné, planter son drapeau noir ». Dans les cas de petite déprime, c'est souvent le mouvement qui sauve. Pas la fuite : le déplacement de point de vue. Et celui que nous sommes maintenant à vélo pédale gaillardement sous un ciel troué de bleu, considérant celui que nous étions tout à l'heure, sous son couvercle, comme un avatar de lui-même qui a tenté l'usurpation.

Le mauvais temps. Le voilà l'argument ultime contre le vélo. Que répondre à l'automobiliste bien calé dans un confort somnolent, propulsé par une série de gestes répétitifs n'exigeant qu'un effort musculaire proche de zéro, et bercé par le babil sécurisant de son autoradio ? Alors qu'à l'extérieur, le cycliste semble, lui, livrer un combat dantesque contre les éléments.

Que répondre ? Rien. Il serait vain de chercher à convaincre le voiturophile claquemuré que le froid ne se combat pas uniquement en poussant le bouton du chauffage.

Après trois coups de pédale, le cycliste possède sa propre chaufferie intégrée, énergie propre et renouvelable (et gratuite !), activée par la turbine de ses deux genoux. Le rendement calorique de la combustion musculaire est d'ailleurs telle que le néo-cycliste en milieu polaire s'aperçoit rapidement qu'une fois de plus, il s'est habillé trop chaudement. Au bout d'un quart d'heure, la doudoune fait de la surchauffe, il devient urgent de se dépoitrailler. Sous l'œil éberlué de l'automobiliste à mille lieues d'imaginer qu'on puisse être dehors sous le zéro et au chaud tout à la fois.

Voilà bien un effet pervers de l'engrenage chauffage central à la maison-chauffage sous le tableau de bord à la voiture-climatisation au bureau. Où est le CONTRASTE qui fait les sensations réussies ? Notre ami l'automobiliste, à son insu, s'est laissé aspirer par un cycle anesthésiant, une tonalité de sensations monocordes.

Notre ami le cycliste, exposé par nature à la fureur ou à la bienveillance des éléments, avec un brin de fatalisme acquis au fil des averses impromptues, maintient, à son insu aussi, le lien ténu qui le relie au vivant.

Considérons la pluie. Un fond culturel commun nous l'a fait envisager comme une calamité (n'est-ce pas une des sept plaies d'Egypte ?). Contre cette nuisance, l'industrie automobile a perfectionné tout un arsenal, de l'essuie-glace à trois vitesses au pneu radial. L'industrie cycliste, elle, en est encore au bon vieux garde-boue (qui ne garde pas de la boue) et à l'imperméable (pas toujours). On ne lutte pas à armes égales.

Mais justement, le cycliste ne lutte pas tout court. Qui n'a pas expérimenté ce moment de basculement où, tout recroquevillé sur son guidon, fouetté par les trombes d'eau, on lâche tout à coup l'idée que la pluie est notre ennemie, on s'ouvre à elle, on accepte son ruissellement sur le visage comme une caresse du ciel, et l'on se met à rouler dans les flaques en riant, achevant de détremper le reste de sous-vêtements secs, mais heureux tout soudain de faire corps avec la tourmente, d'en être, et donc de ne plus en souffrir, parce que dans l'acceptation de cet univers liquide, mélange de ciel et terre, on y a découvert une manière inédite d'évoluer, telle une sirène à l'envers ?

Et puis n'oublions pas le plaisir immémorial du chocolat chaud en rentrant, et des chaussettes qui fument sur le dossier de la chaise, tandis que la pluie continue de cogner au carreau, comme une amie qui s'éloigne.

Je me souviens, pour lutter contre le froid, dans les lointaines contrées du Nord de ma prime jeunesse, nous avions quelques remèdes, probablement légués par une longue tradition familiale. L'un d'eux consistait à glisser des feuilles de journal sous les vêtements, pour, m'assurait ma mère, « couper le froid ». Mais dès lors que je partais sur mon vélo dans les petits matins frileux, le torse ainsi bardé de l'édition de la veille, mon ennemi n'était plus le froid. Mais le ridicule. La première tape dans le dos par un camarade à l'arrivée au collège provoquait un froissement incongru et l'hilarité de tout le garage à vélos.

J'avais dû affronter ce bruit caractéristique de friction du papier tout au long du trajet, les pages du journal me remontant sous le menton, poussées par les cuisses à chaque coup de pédale. Il me faudrait encore subir les fous rires de tout le vestiaire de gymnastique, quand apparaîtraient sur la peau de mon dos quelques faits divers de *La Voix du Nord* imprimés à l'envers par ma sueur.

Plus tard, devenu jeune journaliste (stagiaire à *La Voix du Nord*, quelle revanche !), j'héritais de cette période une profonde modestie quant à la portée de ma prose, n'écartant jamais l'éventualité qu'elle puisse finir imprimée sur la peau de quelque collégien malchanceux, victime des vertus caloriques supposées de la presse locale.

Qui dira le plaisir de fendre l'air figé d'une nuit glaciale, de sillonner la banquise de la ville déserte en décembre, avec le brise-glace de la roue avant, et le nez rougi pour étrave ? Une atmosphère antarctique qu'on pénètre lentement comme un soc de charrue. Ce genre de froid compact qui a tout tétanisé alentour, sauf cette particule irréductible que nous sommes, luciole narguant les ténèbres, pédalant sans désemparer dans un univers mort.

Le givre dehors, mais dedans la braise. La combustion naturelle du corps tout à l'effort. Le feu et la glace, si proches, extrêmes qui ne se repoussent plus mais au contraire fusionnent. Et la joie secrète du pédaleur entre ciel et terre, d'être à la croisée des quatre éléments.

« J'arrêterai la voiture pour le vélo quand il n'y aura plus de pollution. »

Air connu. Et grave erreur. Toutes les études le montrent : en voiture on subit AUTANT les effets de la pollution atmosphérique qu'à vélo (davantage de gaz d'échappement respiré par l'automobiliste dans son habitacle qui emprisonne le CO_2, mais plus de particules de poussière pour le cycliste au grand air : pour les deux paires de poumons concurrentes, résultat équivalent).

Dès lors, comment en finir avec la pollution ? Inutile d'imaginer des solutions scientifiques complexes. Un simple jeu avec les mots suffit, petit tour de magie sémantique, gratuit et imparable : inversons la phrase mot pour mot.

« Il n'y aura plus de pollution quand j'arrêterai la voiture pour le vélo. »

Pollution, encore : un revirement notable s'est opéré depuis quelques années. Plus exactement depuis que les seuils de qualité de l'air sont régulièrement pulvérisés par les émanations de pots d'échappement. A cet égard, l'obligation de circulation alternée les jours « rouges » désigne sans ambiguïté le responsable : l'automobiliste. Et cette étiquette de pollueur public numéro un a changé un peu la donne dans le jeu du mépris agacé que l'automobiliste a longtemps pratiqué à l'égard du fauteur de troubles circulatoires sur deux roues.

Désormais, le fauteur de troubles respiratoires, c'est la bagnole. Le vélo est devenu un agent nettoyant bi-actif de l'atmosphère commune. Et derrière les pare-brise, les regards jadis courroucés se sont teintés d'une vague culpabilité et de cette petite touche d'amertume d'être du côté des méchants.

La mauvaise foi constamment à l'œuvre ici n'ira pas jusqu'à nier le danger du vélo en ville. La présence de chaque vélo sur le bitume est un peu un acte de courage, c'est vrai. Il dit en substance : oui, je risque ma peau, mais je suis ici comme un fragile étendard, planté symboliquement sur un territoire envahi par la barbarie automobile, jusqu'à sa libération totale et sans conditions. Et donc jusqu'à la disparition de ce même danger.

Car démasquons cet autre glissement sémantique : « Faire du vélo en ville, c'est dangereux. » Non ! C'est faire de la voiture qui est dangereux pour les vélos.

En attendant ce jour, les rares cyclistes qui se croisent sur l'asphalte s'envoient un petit signe ou un sourire de connivence, comme deux rescapés qu'un même combat pour la survie unit, au-delà de toutes autres considérations sociales ou ethniques.

Voilà bien un autre trait, moins anodin qu'il n'y paraît, qui distingue le vélo de l'auto. Sur le bitume, les automobilistes sont concurrents, les cyclistes sont solidaires.

A force de pratique, le vélo en ville s'avère beaucoup moins dangereux qu'on ne le répète. Le cycliste attentif aux choses de l'invisible finira même par repérer des rythmes secrets dans la circulation, comme des respirations dans le souffle desquelles il se laissera aspirer et porter. Une forme de navigation subtile, qui jongle avec les courants d'énergie collective, et avec lesquels il fera corps, sans résistances.

Dans le flux de la circulation, le jeu est de s'aligner sur les bonnes fréquences, comme un cours naturel et protecteur, à l'intérieur duquel le danger est amoindri, par la magie d'une sorte de fluidité de l'esprit communiquée au vélo, plus sûre que tous les systèmes mécaniques de radars. On s'approche du comportement de la chauve-souris, qui envoie des ondes d'échos sur tous les obstacles pour les éviter d'un coup d'aile.

Nous sommes là aux confins d'un mysticisme cocasse qui peut prêter à sourire (nous assumons), mais il nous semble que cette « aura » qui entoure le cycliste zen vaut toutes les carrosseries d'acier.

Pour le cycliste, le vrai danger vient du cycliste lui-même. Deux attitudes peuvent le mettre en péril.

Le volontarisme. Faire irruption dans la circulation comme un taureau furieux qui taille la route quelles que soient les circonstances. Trancher dans le vif du trafic, corps étranger animé de la seule intention de perforer le réel, les œillères pointées sur l'objectif, aux fins de relier un point à un autre dans les meilleurs délais sans se laisser distraire par l'humanité grouillante alentour qui n'a manifestement d'autres soucis que d'entraver cette légitime démarche.

C'est entrer en concurrence avec l'automobiliste, dont c'est précisément la logique de fonctionnement (suicidaire dans l'hypothèse du cycliste). Si l'on nous pardonne cette allégorie concentrée, c'est « le pot de terre qui voulait se faire aussi grosse que le bœuf ». C'est surtout fouler aux pieds la philosophie même du vélocipède, qui a toujours été (rappelons-le) plus proche du papillon que du bulldozer. Le papillon s'enrichit sur son parcours. Le bulldozer détruit tout sur le sien.

La deuxième attitude périlleuse est la frilosité. Entrer en circulation à reculons, avec les paupières papillonnantes de l'enfant qui va prendre une gifle, redouter le danger à chaque instant et de partout, l'échine vaguement hérissée, crée le risque à force de l'appréhender. C'est l'attitude inverse de tout à l'heure, mais avec le même résultat. Le cycliste frileux est de nouveau un corps étranger, et la greffe timide risque de ne pas prendre. Gare au rejet !

Le cycliste doit faire son apparition sur la scène bituminée avec le sentiment d'une présence à chaque instant réaffirmée, étayée par la tranquille et intime certitude d'être à sa place, ici et maintenant, le menton relevé, le regard sur la ligne bleue des Vosges. Dès lors, hormis le cas toujours désarmant d'un destin cruel mais qui se serait exprimé ailleurs d'une façon ou d'une autre, il est indestructible.

Le sentiment de fragilité qui habite le cycliste aiguise son attention au monde. Il le partage avec la gazelle et bénéficie en retour, comme elle, de ce supplément d'exaltation à vivre chaque instant, commun à toutes les espèces menacées.

En revanche, l'automobiliste en est dépourvu. Son habitacle renforcé et toutes les protections sophistiquées qui l'entourent lui donnent une impression d'invulnérabilité. L'endormissement des sens en est le corollaire meurtrier.

Derrière le pare-brise feuilleté et les portières à renforcement latéral, le monde extérieur devient une abstraction. Effet créé par la vitre-écran qui accentue l'aspect fictionnel de l'environnement et transforme des éléments tangibles comme la température extérieure ou la résistance de l'air en pure virtualité. Au terme de cette logique de déréalisation, la voiture moderne n'est ni plus ni moins qu'un jeu vidéo. Dont la capacité meurtrière n'est, elle, pas virtuelle.

On peut mesurer concrètement le degré d'abstraction, véritable trou noir psychologique, dans lequel notre conducteur-auto s'est laissé aspirer, à l'occasion d'une bête crevaison. Observons notre cobaye au volant. Il baigne dans un « coltar » typiquement automobilistique, englué dans une rêverie en apesanteur, produite par l'hypnotique ruban d'asphalte qui se déroule à l'infini. Quand tout à coup, pneu crevé.

Observons-le s'arrêter en catastrophe sur le bord de la route, et constatons sur son visage ruisselant de pluie toute la stupeur d'être projeté dans le réel, un cric à la main, hagard de ce recontact brutal avec la vie sauvage qui lui transperce les os et lui macule les mains de boue, alors que quelques secondes plus tôt, il n'était qu'une entité digestive lovée dans un écrin de mousse, physiquement à vingt centimètres du globe terrestre, mais psychologiquement à des milliers de kilomètres dans sa stratosphère mentale.

Soumis à la même crevaison, le conducteur de vélo n'aura pas tout ce chemin à faire pour revenir à la surface de la Terre. Il roulait dessus et ne pouvait l'ignorer, soumis à sa rugosité intermittente par un défaut cruel de suspension.

Je raille le désarroi du conducteur, mais mon attitude face à la crevaison n'est guère plus noble. Cueilli à froid moi aussi, je refuse d'accepter la réalité. Pourtant, la conduite devient impossible, le guidon part en tous sens, le bruit de caoutchouc broyé est insoutenable. Que se passe-t-il ? Au fond de moi, je le sais bien. Mais il va me falloir un moment pour accepter de mettre le pied à terre, je devrais dire un genou au sol. Et le conquérant d'il y a encore deux minutes, le prince des nuées, n'est maintenant plus qu'un petit enfant désemparé, considérant d'un regard vide ce pneu, vide aussi, inexplicablement. La chambre à air n'a plus d'air, et par mimétisme, mon souffle est court.

Me voilà donc albatros sur le plancher des vaches, claudiquant, le guidon à la main. Exilé sur le sol au milieu des huées, ma roue crevée de géant m'empêche de marcher. Que faire ? Mon voisin Nicolas m'a souvent expliqué que c'était l'affaire d'un quart d'heure, de la rigolade. Mon voisin Nicolas fait partie de ces êtres étranges qui commandent à la matière. Les objets sont leurs amis. Ils manient les outils, quels qu'ils soient, alors que moi ils me tombent des mains. Si possible sur le pied.

J'ai le souvenir cuisant et lointain de bassines d'eau dans lesquelles je faisais passer la chambre à air gonflée, pour que le petit trou se trahisse à petites bulles. Une ruse ancestrale, dont je m'étonne qu'elle soit encore pratiquée à l'heure de la fibre optique et du numérique. De toute façon, je n'y arrivais pas. Il y avait trop de paramètres à maîtriser. La colle à rustine, à faire sécher avant de presser (?), les clés qu'on appelait des « minutes » et qui me prenaient des heures.

Mon oncle Alexandre m'appelait le « mal emmanché » et m'attribuait deux bras gauches. Je prétends moi que je n'ai pas été équipé pour commercer avec le monde des objets. Les choses ne m'aiment pas, à jamais rétives à mes tentatives de négociations. Ambidextre de naissance (me servant des deux mains de la même façon, c'est-à-dire mal), j'étais incapable de me souvenir dans quel sens on vissait et dévissait. Commençant très fort dans le mauvais sens, il m'était ensuite impossible de rattraper mon erreur. Alors une crevaison ! Il faut dévisser le chapeau, la valve ET l'espèce d'écrou qui la maintient à la jante. Laisse tomber.

Me voilà donc chez le réparateur, qui n'en croit pas ses yeux de l'aubaine et entend tout de suite le pigeon roucouler en moi : « Rrrou Rrrrou ». Cent balles, la réparation. Ça lui a pris sept minutes. Il n'a même pas cherché à le cacher, me jetant régulièrement un œil goguenard suivi d'un petit sifflet d'air à la mode (les réparateurs de quoi que ce soit font tous ça, ils sifflotent en travaillant comme les nains de Blanche-Neige, pour me faire croire qu'ils aiment ce qu'ils font. Je ne les crois pas une seconde).

Ces sept minutes m'ont été insupportables. Entouré d'outils hostiles, de motos éventrées livrant leurs entrailles noires de graisse, dans cette odeur de vidange mêlée à la cigarette de mon interlocuteur, face à ce sympathique artisan, et à ses mains très très sales (mais comment lui dire sans l'offenser ?), je manquais d'air. Par mimétisme, mes poumons se sont regonflés avec le pneu réparé.

Je quittai enfin la boutique en serrant le poignet artisanal, au niveau des cinq centimètres propres et secs (sans l'offenser), délesté de mes cent francs (mais j'aurais payé une rançon double si nécessaire). Et chevauchant mon bicycle bondissant, je recouvrais enfin l'intégralité de mes moyens intellectuels, effrayé à l'idée que, si affûtés qu'ils soient, ils avaient une fois de plus montré leurs limites dans mon combat contre la matière.

Une créature du Malin aide le cycliste à maintenir constamment sa vigilance. Cette créature s'appelle l'« ouvreur de portière inopiné ». Notre cycliste néophyte et nez au vent longe la file de voitures garées ; sa vigilance est amoindrie par l'apparente inertie de l'alignement métallique, désactivée dans sa fonction de nuisance. Du moins le croit-il. Et immanquablement, de manière parfaitement synchrone, une main anonyme déclenche l'ouverture (inopinée) de la portière, que le néophyte ne pourra éviter qu'en se retrouvant nez au sol.

Au sol, où il devra ruminer cette leçon, en se frottant le coude, qu'une voiture n'est jamais totalement inoffensive, même à l'arrêt. De même le chat qui dort, pour la souris (qui, lui, est un ouvreur de paupières inopiné).

La voiture a aussi une créature du Malin attachée à sa perte : elle a pour nom « camion-poubelle ». Le camion-poubelle est embusqué dans une rue étroite. L'automobiliste l'aperçoit toujours trop tard : trois ou quatre voitures se sont déjà engouffrées derrière lui, rendant toute marche arrière salvatrice impossible. Le piège parfait.

Le camion-poubelle va maintenant avancer avec une lenteur extrême, s'immobilisant tous les vingt mètres dans une rue aussi étroite que longue. Les éboueurs ne manqueront pas de jeter de temps à autre un regard amusé à notre fulminant conducteur de voiture, en manière de revanche sociale, temporaire mais semble-t-il délicieuse. Cette chorégraphie de la lenteur, qui n'a rien à envier aux cours de Taï-chi, durera jusqu'à ce que l'automobiliste devienne fou et s'écrase de tout son poids sur le klaxon. Ce qui ne manque jamais.

L'automobiliste piégé devrait au contraire se réjouir de n'avoir pas été la victime de l'autre créature du Malin, impitoyable, celle-là, puisqu'elle vous cloue au sol sans espoir : le camion de déménagement. Occupant toute la chaussée, portes arrière largement ouvertes, ne laissant rien ignorer des détails de la vie intime du déménagé, depuis ses plantes vertes jusqu'à son lampadaire — ce dont vous vous foutez éperdument et à tort, car c'est la seule distraction qui vous sera offerte au cours des vingt prochaines longues minutes.

Les déménageurs sont des sortes de monstres froids, quoique d'apparence sifflotante comme un pinson (le mythe du joyeux déménageur), hermétiques à tout sentiment de culpabilité et sourds aux revendications klaxonnières qui à cet instant résonnent pourtant tragiquement comme le son du cor de Roland dans le défilé de Roncevaux.

Bouchons ou camions-poubelles, le sentiment chez l'automobiliste d'être pris dans une souricière génère toutes les réminiscences claustrophobes de punitions au placard (ou autres névroses latentes de la période enfantine) et le place devant son incapacité typiquement occidentale à gérer un temps qu'il estime perdu ; le jetant dans une situation d'inconfort psychologique, contre laquelle ses sièges en mousse avec appui-tête ne lui seront d'aucun secours.

La notion de confort, usuellement attachée à l'idée de voiture (comparativement à la rudesse de la selle de vélo), trouve ici ses limites. Car, qu'est un corps au repos si l'esprit ne l'est pas ?

Cette montée d'adrénaline commune au rat piégé dans un labyrinthe et au conducteur derrière un camion de déménagement, le cycliste ne la connaît pas. Un petit crochet par le trottoir et son horizon urbain et mental est à nouveau dégagé. Il reprend le cours de son voyage et de ses pensées, « inarrêtable », incarnation parfaite de cette néologistique contraction de locution latine : *Mens sana fluctuat, in corpore sano nec mergitur.*

Mon seul accident à vélo (pour l'instant !) : je suis en danseuse, dans l'ascension toujours difficile du col de la rue de Clignancourt. Tout d'un coup quelque chose me happe littéralement par-derrière. J'ai instantanément en tête l'image du gros poisson qui avale le petit, dans les illustrations pour enfants de la chaîne alimentaire. C'est à peu près ça : une berline grenat de marque anglaise est en train de me rouler sur la roue arrière ! Je ne tombe même pas, sauf des nues. Mais ma roue est pliée en deux. Spectacle attristant que cette lettre « C » que dessine ma roue de profil, après avoir si longtemps tenu le « I » ferme et droit. Cette déroute alphabétique qui heurte tout à la fois mon amour des belles-lettres et de la mécanique cycliste me jette dans une froide colère quand le véhicule fautif passe à ma hauteur… et s'apprête à poursuivre son chemin avec le dédain absolu du promeneur pour l'insecte écrasé.

Ni une ni deux, je lâche ce qui me reste de vélo pour tambouriner mon désaccord sur la portière fuyante. Rien n'y fait. Le conducteur fait seulement mine de descendre dans l'intention affichée de plier en deux le cycliste récalcitrant, à l'instar de sa roue de vélo, s'il continue à récalcitrer. Puis il disparaît dans la plus totale impunité, sans autre égard pour le moucheron aplati sous la semelle.

La scène a eu quelques témoins. Je m'empresse, moucheron indigné, de recueillir l'assentiment des autres hyménoptères. Mais les voilà qui s'égaillent, soudain très affairés. Le gros bourdon de la laverie automatique n'a rien vu, pourtant sur le pas de sa porte, et doté de globes oculaires multifacettes. Très bien. Bon. Seul face à la veulerie ambiante, je traîne jusqu'au prochain commissariat ma colère sourde et la preuve de mon agression par le collet, qui gémit des patins (peut-être eût-il été plus charitable de l'achever d'un coup de pistolet entre les deux poignées ?).

Tout de suite, dans le hall du commissariat, j'ai senti que mon affaire de roue pliée n'allait pas mobiliser toutes les polices du territoire. La lippe dubitative du préposé, à l'énoncé du forfait, me laisse entendre que le ministère de l'Intérieur a d'autres priorités. Oui, mais j'ai mon joker. « J'ai relevé le numéro », dis-je, magistral, en brandissant mon ticket de métro plié en quatre, porteur de l'identité minéralogique du fuyard. Au lieu de l'effet attendu (le commissariat fourmillant soudain d'hommes en alerte maximum), j'ai droit à une paupière morne suivie d'un rictus. « Qu'est-ce que vous voulez qu'on fasse de ça ? » Après mon départ, je suis sûr qu'il a joué au loto les chiffres de la plaque minéralogique.

Ce jour-là, j'ai compris qu'un accident d'auto, même

mineur, aurait droit à tous les égards de la Justice de mon pays. Mais qu'une roue de vélo pliée n'est qu'un aimable sujet de divertissement pour fonctionnaire désœuvré.

Mon agresseur aurait pu rouler quatre fois sur mon vélo, marche avant, marche arrière, en hurlant son nom et son adresse dans un mégaphone, il n'aurait encouru que le sourire amusé de la force publique.

La nécessité de respecter les panneaux est indiscutable pour la conduite automobile. Elle l'est beaucoup moins à vélo.

Il y a des panneaux totalement dépourvus de sens pour le cycliste, et qui provoquent chez lui un haussement d'épaules goguenard. Le stationnement interdit en est le plus évident. Quel bonheur de garer son vélo n'importe où (attaché à un panneau de stationnement interdit, par exemple).

Le panneau le plus dépourvu de sens est le bien-nommé « sens interdit ». D'abord parce que remonter à vélo une rue à contresens, vu le faible encombrement de la chaussée, n'entrave en rien la circulation. Mais surtout parce que l'anathème du « sens interdit » est exclusivement à jeter sur l'automobiliste, handicapé sensitif. Comment la palette subtile des cinq sens pourrait-elle se déployer dans le mètre cube confiné de son caisson de quarantaine sanitaire ?

Le cycliste juché sur sa selle et remontant un sens interdit, à qui aucun de ces sens n'est interdit, reçoit en direct l'humeur de la ville, par ses mille capteurs sensoriels répartis sous la peau.

Confusément, l'automobiliste le sait bien, qui foudroie de ses appels de phares et de force index tapotant sa tempe notre cycliste à contresens. Moins par une suspecte volonté de faire respecter la loi que par dépit mal formulé de se sentir « hors-la-vie ».

En voiture, tout le monde sait où est la « place du mort ». Mais qui saurait dire où est celle du vivant ?

Une intuition m'est venue l'autre jour à vélo, lieu privilégié pour la pratique du genre : et si la circulation n'était que le reflet de mon état intérieur ? Et si elle n'avait pas de réalité objective ? Elle serait une sorte de projection personnelle, si vous me permettez cette appropriation un peu cavalière.

Si je suis agité et pressé, il y a de fortes chances pour que je tombe sur un trafic du même acabit. Une certaine confusion intérieure, formée de petits stress comprimés va se traduire par un encombrement de la chaussée métaphoriquement proche de mon chaos intime. La traditionnelle récrimination « Je suis énervé parce qu'il y a des bouchons » connaît donc elle aussi son petit renversement sémantique : « Il y a des bouchons parce que je suis énervé. »

Ce qui ouvre des perspectives folles de résolution, puisque, dans ce cas de figure théorique, il nous est donc possible de mettre en place notre propre « PC de Rosny-sous-Bois mental » pour dissoudre tous nos « triangles de Rocquencourt intérieurs ».

Car, inversement, une humeur étale ou pétulante trouvera sa traduction par une voie dégagée qui m'aspirera comme un courant ascensionnel. Il me semble parfois faire et défaire les embarras de Paris par simple concentration mentale. Je prie d'ailleurs les automobilistes coincés plusieurs heures place de la Concorde de bien vouloir m'excuser. C'est parce que je suis contrarié.

J'en profite pour vous livrer une autre hypothèse de travail : il est possible que la relation psychomécanique fonctionne sur le modèle psychosomatique. Je m'explique : la manière dont l'esprit peut transmettre une maladie au corps (psychosomatisme) a peut-être son équivalent à vélo (psychomécanisme, si l'on me pardonne ce néologisme). On connaît le langage de l'inconscient à travers le corps. Exemple (peu subtil mais éclairant) : je redoute d'avoir à m'exprimer, le lendemain, je contracte une extinction de voix.

Sait-on que le même inconscient peut choisir de pratiquer son fameux retour du refoulé sur et à travers la bicyclette ? J'en ai eu la confirmation un jour où, fort contrarié à la perspective d'un déplacement déplaisant, je constatai avec effarement que mes patins de freins avant s'étaient inexplicablement resserrés sur la roue, ralentissant ma progression, sans que je puisse en desserrer l'étreinte, ni avec les mains, ni à grands coups de pied accompagnés d'une bordée d'injures.

Le sentiment de culpabilité (formidable énergie dirigée contre soi) s'est aussi violemment manifesté plusieurs fois, par vélo interposé, en m'éclatant la chambre à air sous le nez. Les esprits forts auront beau jeu de ricaner et de brandir le gros clou rouillé sur la chaussée comme seule et unique cause de la crevaison. Mais un certain contexte psychologique et affectif, que vous m'autoriserez à garder par-devers moi, m'incline à penser que cette perforation de pneu, à ce moment précis, avait plus de chances d'être la formulation explosive et métaphorique d'un sentiment autodestructeur, et qu'une simple rustine ne la colmaterait pas à si bon compte.

Ces petits phénomènes de « vélosomatisme » confirment, s'il en était besoin, que la bicyclette, avant d'être un moyen de locomotion, est un merveilleux outil de connaissance de soi.

Le fameux précepte socratique « Connais-toi toi-même » aurait donc sa place dans un ouvrage de vélosophie. De même que cet autre, plus oriental dans sa facture : « Pour changer le monde, change ton regard sur le monde. »

A hauteur de vélo, le monde est autre. D'abord et précisément grâce à ce rehaussement de point de vue. Indiscutablement, le cycliste est au-dessus de la mêlée. Cette posture tranquillement dominante ne doit pas lui conférer un sentiment de supériorité (haut mais pas hautain), mais simplement une petite distance de recul, qui n'est pas loin d'être celle du fumeur de pipe, par rapport à l'agitation grouillante. Buste droit, menton haut, le cycliste flotte au-dessus de la multitude, sans mépris, mais sans non plus paraître concerné par les contingences désolantes du plancher des vaches.

Cette bonhomie le transforme en petite bulle d'hélium mobile au-dessus d'une ville en folie. Et cet état d'esprit ne peut qu'induire un regard bienveillant, aux antipodes des pupilles dilatées par la paranoïa d'un automobiliste noyé dans une agitation circulatoire, forcément hostile.

C'est un regard au-delà de l'immédiat, qui peut embrasser (le joli mot) toutes les possibilités d'itinéraires à venir (rappelons qu'aucun sens ne lui est interdit), sans jamais se sentir prisonnier.

C'est aussi un regard totalement présent ; à chaque instant mille détails de l'environnement le sollicitent, libre qu'il est de toutes carrosseries physiques ou mentales. La ville redevient amie, terrain de jeu. C'est donc le monde qui a vacillé sur son axe. Dans une infinitésimale proportion, mais vacillé quand même.

La vélosophie est donc l'ensemble des idées, intuitions et sensations nées sur un vélo. Cet espace privilégié et paradoxal de détente dans la tension environnante produit un type de réflexion particulier, souvent proche de la fulgurance.

Ce n'est pas seulement le vélo qui est propulsé vers l'avant, c'est aussi l'esprit tout à coup percuté par une multitude d'idées météoriques, un peu comme on traverse un nuage de moucherons dans une descente, la bouche malencontreusement ouverte.

Cette ouverture de l'esprit avaleur de moucherons est la conséquence d'un autre phénomène également lié au vélo : le mental, ennemi de l'intuition, de par sa fâcheuse manie de parasiter les instants de grâce de ses stériles gamberges ratiocinantes, le mental, donc, se trouve neutralisé à bicyclette, tout absorbé par la conduite et la sécurité du conducteur.

La partie purement créative de l'esprit peut ainsi se détacher en catimini et accueillir toutes les susdites fulgurances, en une petite orgie jubilatoire, sans la moindre tutelle castratrice.

De bête machine un brin désuète, le vélo devient outil libérateur de la pensée.

Moyen de locomotion physique, certes, la bicyclette est surtout un moyen de locomotion de la conscience. Le principe vélosophique de base étant : tout corps placé sur un vélo voit son regard sur le monde déplacé.

A l'extérieur, on se déplace à vélo. Mais à l'intérieur, c'est le vélo qui nous déplace.

L'initiation spirituelle (rien de moins) du cycliste passera par plusieurs stades.

Au premier, il aura la tentation, et probablement il y succombera, de balancer un grand coup de latte dans la portière de cette saleté de caisse pourrie de mes deux (s'il est du genre masculin — et soupe au lait) qui vient de se rabattre bien trop près, au terme d'un dépassement arrogant. Après avoir freiné des quatre fers et des quatre patins, n'occultons pas cette première réaction de colère légitime. Beuglons. Rattrapons, pourquoi pas, le chauffard indélicat au prochain feu. Exprimons peut-être sur son pare-brise notre indignation postillonnante.

Mais n'allons pas, je nous en conjure, jusqu'à inscrire notre sursaut d'honneur dans la carrosserie du véhicule fautif, de manière concave, au moyen du susdécrit coup de latte. Car alors nous serions amenés à constater, dans un délai assez bref, que la tôle est bien moins froissée que l'orgueil automobiliste qu'elle contient (en l'occurrence mal), et que notre propre carrosserie est comparativement beaucoup moins protectrice.

Ce qui est déjà une bonne raison. Mais il s'en ajoute une autre : ce mode d'expression rudimentaire (coup de latte) appartient typiquement au vocabulaire automobiliste, constitué par ailleurs d'invectives lapidaires plus ou moins accompagnées de doigts levés, de sommations sans répliques (dont l'issue ne peut donc plus être que quelques molaires sur la chaussée). Bref tout le registre de la mâlitude bafouée qui de tout temps a abreuvé nos sillons d'un sang impur.

Ne mangeons pas de ce pain rassis-là, mes amis. Passons au second stade de l'initiation : comprendre ce qui fait la matière première de l'indignation ressentie, pour la laisser s'éloigner. C'est-à-dire le sentiment d'être nié. La façon dont la voiture se rabat trop près du vélo ne dit rien d'autre que : « Tu n'existes pas, vélo ridicule... Je te chie à la raie » ou quelque chose d'approchant.

Rattrapons l'automobiliste au feu, et adressons-lui en retour un clin d'œil, formidablement non-violent. Inefficace, dites-vous ? C'est ainsi que Gandhi a libéré l'Inde du joug britannique.

Aucun cycliste ne mourra pour son vélo. Je soupçonne l'automobiliste d'en être capable pour sa voiture. De tuer, en tout cas. Car c'est bien cette envie-là qui peut lui venir à la vue de sa carrosserie rayée. Le propriétaire d'un vélo stationné qui retrouve son bien rayé sur le cadre ne s'en apercevra pas ; ou bien il haussera les épaules en manière de dire que c'est là le sort du vélo en ville, et que, bon, il roule encore c'est l'essentiel.

Alors pourquoi cette pulsion de meurtre chez le propriétaire de l'auto stationnée et semblablement rayée ? Bien sûr, la question est naïve. Bien sûr, c'est le coût de la voiture et des réparations. Mais pas seulement. Tout un faisceau de raisons étroitement imbriquées concourent à engendrer cette réaction navrante.

Il a investi énormément de temps et d'argent dans cette voiture. Il l'a bichonnée (« bichonner », l'horrible mot : dans le grand cycle de l'évolution, depuis les derniers dinosaures, en passant par le siècle des Lumières, l'image d'une humanité « bichonnant » le dimanche matin est une formidable régression). Son lien avec elle s'est cristallisé de toute cette sueur hebdomadaire. Les relations se sont encore resserrées au fil des kilomètres vécus ensemble. On sent déjà la dérive névrotique vers le sentiment que la voiture est vivante (le syndrome bien connu dit de *La Coccinelle à Monte-Carlo*).

Vient se mêler aussi l'impression sécurisante que l'espace automobile est un petit chez-soi transporté en tout lieu.

La voiture enfin est également une image de marque. Celle en tout cas que l'automobiliste aimerait bien donner de lui (il ne l'a pas choisie par hasard, il faut « qu'elle en ait sous le capot », les publicitaires savent très bien jouer avec ce désir de traduction virile sur quatre roues).

Au terme de ces cercles concentriques, notre automobiliste est maintenant mûr pour se laisser happer par la dernière illusion, qui le serre comme un garrot. Et peut désormais métamorphoser le simple bichonneur du dimanche en un tueur sur les dents. Car cette bagnole est subrepticement devenue un prolongement de lui-même. En la rayant, c'est lui qu'on balafre. C'est cette mutilation qu'il va exposer aux autres. C'est cette atteinte à son intégrité physicomécanique qu'il faut laver dans le sang.

En tout cas, c'est sa toute première réaction, irrationnelle, viscérale, bien vite contrôlée. Mais ce foyer initial de violence, potentiellement porteur de tous les dangers (que se passerait-il s'il surprenait le « mutileur » sur le fait ?) puise sa raison d'être dans l'amalgame malsain entre un être de chair et un tas de ferraille.

C'est vrai, le vélosophe n'accorde pas d'importance à l'image donnée de lui par le vélo. Pas de queue de renard qui pendouille, pas de peau de panthère sur le guidon, ou autres breloques ostentatoires, manifestes de virilité. Mais il n'est pas insensible aux atteintes à la dignité. Au premier rang desquelles je placerais les sacoches. Non, les sacoches, vraiment, on ne peut pas.

Est-ce une réminiscence enfantine ? Les sacoches se sont toujours avérées pour moi avant tout porteuses de valeurs négatives. En clair, sur un vélo, les sacoches, c'est définitivement moche. Nous ne transigerons pas là-dessus. Je me souviens que la vision de sacoches sur mon vélo fraîchement offert m'avait mis hors de moi. Je n'ai eu de cesse de les sectionner et les remiser à la cave, à défaut d'endroit plus profond (elles étaient en plastique vert et jaune, avec des franges de cow-boy !).

Des sacoches sur un vélo, c'était faire sombrer l'image de Zorro sur son fringant coursier vers celle du petit pépé qui rapporte ses bouteilles consignées. C'était un coup de canif dans le potentiel imaginaire. Et à cet âge-là on ne badine pas avec le rêve.

C'est aussi une atteinte tout court à l'intégrité de l'espèce vélo, tout comme atteler une carriole derrière un zèbre serait une injure au règne animal.

Peut-être cette ultime parabole parlera-t-elle à ceux qui ont connu des cours de récréation difficiles : les sacoches sur un vélo, c'est comme les capuches des anoraks. C'est vrai, c'est pratique, mais faut pas les mettre. Parce que, comme je savais si bien l'exprimer à l'époque par des formules lumineuses qui ne s'embarrassaient pas de justifications et ramassaient au plus juste le sentiment général, « ça fait con »

Ce qui frappera le néo-cycliste amicalement extirpé de son siège auto et juché sur une selle de vélo, c'est surtout l'ouverture du regard. Comment, mais, c'est ça la ville ? Ce n'est plus cette succession de pare-chocs arrière, encadrés par le joint de caoutchouc du pare-brise, d'où émergent des bribes de décor troués de signaux rouges ou verts, voire orange ? Brutalement, notre automobiliste à la pupille étriquée par vingt ans de circulation au ras du bitume vient de passer de la petite télé de poche au cinémascope.

Ni plus ni moins que le piéton, m'objecterez-vous. Oui et non. Le piéton a une vue globale, soumise à une évolution lente qui possède un charme indéniable. Certes il dispose aussi de cette vision à 360 degrés, sauf cas rarissime de minerve. Mais, pour rester dans la métaphore cinématographique, il lui manque le travelling. C'est dans ce mode de perception en mouvement que le cycliste trouve sa pertinence.

La vision de l'automobiliste est tragiquement circonscrite. Tout en possédant le mouvement (le susnommé travelling), mais d'une manière si réductrice et si frustrante pour l'œil qu'on a parfois la sensation, au terme d'une traversée de la ville en voiture, de n'avoir entr'aperçu que des pièces disjointes de patchwork, à peine captées devant le pare-brise et déjà avalées par la vitre arrière. Si c'était un film, on soupçonnerait le cadreur d'être atteint de la maladie de Parkinson, et le monteur d'abuser du crack.

Juchons-nous maintenant sur la selle de vélo, pour la même traversée de Paris. C'est un autre film. Outre la taille de l'écran (qui n'a plus de bords !), la qualité de la copie (celle de la voiture a parfois le flou de la buée), le long métrage a tout à coup un tempo bien à lui. Le montage est plus fluide, en même temps suffisamment elliptique pour préserver le mystère. Le travelling sur deux-roues nous offre une image fugitive mais pas volatile, suggestive sans être appuyée. Quelque part entre le clip épileptique automobile et le plan-séquence pépère, un poil soporifique, du piéton.

Tout l'art de la mise en scène est là, dans ce sens du rythme. Rouler à vélo dans Paris, c'est faire son cinéma, monter ses propres images, dans l'un des plus fabuleux décors du monde, avec un casting de figurants digne de Cecil B. De Mile.

Grâce au rythme harmonieux du coup de pédale ni trop rapide ni trop lent, la bicyclette se fait table de montage hyper-sensible pour le vélo-cinéphile. Le coup de guidon fait office de coup de ciseaux, et il compose son film dans la plus libre des interactivités avec la ville.

Un coup de guidon à droite, on est dans la rue Poliveau,

dans l'ombre de Gabin et Bourvil, leur cochon sous le bras. Un petit détour par le parvis de Notre-Dame au moment précis où Anthony Quinn-Quasimodo tombe de l'une des tours, et l'on est déjà Quai des Orfèvres. Poussons jusqu'aux Champs pour surprendre Belmondo à bout de souffle achetant l'*Herald Tribune*, puis glissons aux « portes de la nuit », sous le métro Barbès, avant de longer le canal Saint-Martin, debout sur les pédales, pour ne pas rater l'Hôtel du Nord et Arletty sur sa passerelle.

Certes, Paris est une ville cinégénique qui ne doit rien au vélo. Mais le travelling vélocipédique est le mode d'approche qui restitue au plus juste la fascination du cinéma. Le vélo a une gueule d'atmosphère.

Il y a un endroit de la ville, ou plutôt un moment, car on n'y stationne pas, où le regard saisit un concentré de Paris. Ça dure une demi-seconde. C'est au sommet du pont du Louvre.

Partant de la rive droite, le pont observe une légère courbure ascendante avant de plonger vers Saint-Germain. Et là, précisément, sur le faîte, en équilibre sur les pédales, vous englobez dans le même coup d'œil panoramique, le Louvre dans le dos, Notre-Dame et l'île de la Cité sur la gauche, avec le pont des Arts en premier plan et la Samaritaine, le dôme étincelant de l'Académie française devant, les courbes métalliques des Grand et Petit Palais sur la droite, l'Arc de Triomphe au fond et la tour Eiffel qui dépasse.

C'est un instant miraculeux où le puzzle monumental parisien se recompose avant de se désunir à nouveau à la faveur de la descente et disparaître. Je prétends que seul le cycliste peut saisir cette image recomposée dans toute sa fugacité.

Car c'est dans le fugitif qu'est la magie. L'automobiliste,

trop rapide, n'a rien vu. Le piéton, trop lent, non plus. Le cycliste aura vécu l'équivalent du « rayon vert » de Jules Verne ; cet ultime et mythique rayon du soleil qui, paraît-il, n'est visible qu'un centième de seconde avant de sombrer dans la mer.

Pourquoi favoriser le vélo, et pas la moto ou le scooter ? Poser la question, c'est faire fi un peu rapidement de la nuisance olfactive et sonore (une Harley-Davidson fait trembler les vitres dix minutes encore après son passage). Or, le critère qui nous a fait plébisciter la bicyclette, à mille lieues de toute préoccupation de modernité, est cette capacité à faire corps avec l'espace jusqu'à en devenir une composante naturelle.

Le vélo fend subtilement l'atmosphère, qui se referme derrière lui sans laisser un sillage à sa traîne, comme le ferait même un frêle esquif sur une mer d'huile. Le délicat crissement de pneu n'a pas troublé le silence, dont la qualité, comme celle de l'air, reste sensiblement la même après son passage, quand bien même un « dring dring » de sonnette eût dû retentir — mais comment se sentir agressé par ce doux tintement d'enfance, si semblable dans notre mémoire affective à la voix maternelle qui nous appelle pour le goûter (pain-beurre et Nutella) ?

Je suis frappé par le nombre de piétons qui traversent la chaussée sans regarder à droite ou à gauche. Juché sur ma selle, dévalant la pente, je les vois amorcer un pas hors du trottoir. Non, je n'y crois pas. Il ne vont pas fouler le bitume lors même que je déboule à pleine vitesse ? !

Si ! Pas le temps d'atteindre ma faible sonnette. Il me faut alors siffler (mais sans les mains ?) ou crier (mais je suis timide). Le toussotement (« hum hum ») de rigueur pour avertir un supérieur de notre irruption dans son bureau ici ne suffirait pas. Or donc crions, toute honte bue : « Ho ! « 'tention ! » (Renonçons au très désuet « Chaud devant ! »)

En retour nous serons payés d'un regard courroucé du leste piéton, une fois le bond de frayeur observé, nous signifiant par le froncement de sourcil, quand ce n'est pas par l'invective, que notre conduite (à vélo) est inqualifiable.

In fine, ce qui nous est reproché, au terme d'un processus pervers de renversement des valeurs, c'est notre silence. Dans ce monde urbain bruissant d'agressions sonores, notre déplacement silencieux fait de nous des dangers publics !

Notre ami piéton, nullement alerté par le grondement d'un moteur, n'a même pas jugé utile de jeter un coup d'œil préventif bilatéral. Il s'est engagé benoîtement sur la chaussée, tout à sa certitude que sans bruit, nulle présence.

C'est bien là que s'est logée la perversion. Dans l'espace urbain, le critère de l'existence est désormais proportionnel à la nuisance sonore. Je fais du bruit donc je suis. Voilà qui nous renvoie au mode de fonctionnement de nos sociétés médiatiques où il faut vociférer pour exister.

Les adeptes du ton feutré, les cyclistes aux pneus de velours, les mimes sont voués à une fantomisation sociale, un effacement progressif des rétines, faute d'avoir su maltraiter les tympans.

Tout petit, j'ai eu cette prescience que faire du bruit me ferait exister plus sûrement aux yeux (aux oreilles) de mes contemporains que développer des trésors d'intelligence. C'était de toute façon moins fatigant. J'accrochais donc avec deux pinces à linge un bout de carton en contact avec les rayons de ma roue arrière. Et je m'en allais de par les rues, pétaradant, produisant un nombre de décibels surprenant au regard de mes six ans d'âge et de l'absence (qui a perduré) de tout permis moto.

Il m'a semblé que mon petit vélo blanc, ainsi « customisé », ne laissait pas les filles indifférentes. Néanmoins, je ne poussais pas plus loin l'avantage, déjà conscient aussi de cette autre loi de nos sociétés : attirer l'attention, c'est bien, mais après, il faut assurer...

Dès qu'il y a moteur, il y a compétition. C'est dans la nature humaine (et spécifiquement mâle) depuis la nuit des temps. Au feu rouge, le motard contemporain, héritier de l'homme des cavernes, aura un coup d'œil discret pour la moto du voisin et évaluera en un quart de seconde la puissance de sa cylindrée, avec un rictus de mépris si tout le bonheur est pour lui, et une moue intérieure si la comparaison tourne à son désavantage. De toute façon, dès que le feu sera vert, les deux Cro-Magnons démarreront en trombe, si possible sur la roue arrière dans une gerbe de gravillons.

Cet esprit de compétition, automatique dès qu'on chevauche un engin conçu pour la performance, est étranger à l'esprit cycliste tel que nous aimons l'envisager. Le cycliste est d'ailleurs plutôt celui qui s'est pris les gravillons dans la tronche quand le feu est passé au vert.

J'ai déjà vu deux motards mettre pied à terre et se livrer au rituel du « qu'est-ce t'as taa ? », poitrine contre poitrine, dans la grande tradition du combat de cerfs. Je n'ai jamais vu deux cyclistes se chicorer comme deux mâles en rut à cause d'une queue de poisson.

Pour cette raison au moins qu'à vélo même les plus agressifs ont eu tout loisir de se défouler en roulant et qu'ainsi leur potentiel de « qu'est-ce t'as, taaa ? » est déjà bien émoussé.

Un jour, au feu rouge, je vois le conducteur du véhicule A quitter son siège et venir haranguer le conducteur du véhicule B. L'objet du litige devait être une subtilité de la législation routière dont les deux parties tenaient à s'entretenir toutes affaires cessantes. Mais au lieu du débat juridique escompté ce fut un index pointé de Véhicule A vers Véhicule B derrière sa vitre baissée, suivi de cette répartie, à laquelle aucun dialoguiste n'aurait recours même après une nuit harassante, même pour un médiocre téléfilm : « Sors de là, si t'es un homme ! ». Puis l'auteur de la repartie eut un mouvement arrière du buste, poings soudain plantés sur les hanches, la semelle, je le devine, tapotant le sol en signe d'impatience et de défi ; jeu de scène dont aucun réalisateur ne voudrait, même dans une pitoyable série américaine.

Glissons sur la pauvreté du texte et le cliché consternant qu'il traduit ; après tout, les acteurs de la vie quotidienne ne sont pas tenus d'être des auteurs renouvelant sans cesse le genre. Chacun son métier. Et sous le coup de l'émotion ce sont rarement des saillies finaudes, concoctées par un staff de scénaristes affûtés, qui nous viennent.

Rehaussons plutôt le débat à partir de son contenu. Captée depuis ma selle de vélo, cette invite à peine voilée à la castagne (car ne nous leurrons pas, une fois sorti du véhicule, quel genre d'emploi du temps pensez-vous qu'il soit proposé au protagoniste B ? Aller construire des cabanes dans les arbres ? Que non pas, malheureusement. Echange mutuel de bourre-pifs, oui !), cette sentence, qui semble être l'expression d'une fierté bafouée, résonne en fait comme un réel dévoiement de dignité. Nous sommes en pleine perversion du sens !

« Sors de là, si t'es un homme ! » Non ! La qualité d'homme ne sera pas libérée par l'ouverture de la portière. Tout au contraire, elle en sera ravalée. Au rang de la bête précisément. Car la quintessence de l'être humain, surgie d'un long parcours depuis la barbarie de l'âge de pierre, rescapée de siècles à feu et à sang, c'est justement de substituer à la brutalité des rapports de force qui prévalent dans un monde sans conscience la capacité de communiquer, par l'outil le plus formidable qu'il ait créé : le langage. Celui des mots, celui du cœur. La dignité de l'homme est tout entière là, dans la négociation, l'écoute, l'échange.

Nul n'est donc besoin de sortir, pour être un homme. Baisser la vitre, il suffit. Ce que propose donc Véhicule A à Véhicule B (que je n'exonère pas, par ailleurs, d'une certaine provocation), c'est une régression considérable de la dignité humaine, sous couvert de la convoquer.

La reformulation humaniste de la sentence donnerait ceci : « Sors de là, si t'es une bête. » Car c'est bel et bien une bête qui sortirait de cette grotte post-moderne et la chaussée serait de par le fait rendue à son état de jungle, théâtre plus conforme au triomphe de l'animalité.

Cette simple joute verbale à un feu rouge est donc plus grave qu'elle n'en a l'air. L'espace de quelques secondes, elle vient de rendre une parcelle de territoire conquise par la conscience humaine aux ténèbres de l'instinct de survie.

Bien sûr, entre cyclistes, on pourrait imaginer des rivalités possibles. Tous les vélos ne sont pas égaux devant la loi du moindre effort. Il y a de grandes disparités entre la bicyclette hollandaise de curé et le VTT 21 vitesses en titane. Mais en ville l'avantage de l'un par rapport à l'autre est si dérisoire qu'il est difficile d'en tirer un orgueil démesuré.

Et le plus sportif n'est pas forcément celui que l'on croit. Mon ami anglais a une théorie sur le matériel. Il pense que le vrai vélo sportif, ce n'est pas le VTT, mais le lourd vélo hollandais. Parce qu'avec les 21 vitesses du premier, on ne fait aucun effort dans les côtes. Tandis qu'avec le second, ça devient vraiment du sport.

L'effort. C'est le critère qui distingue de manière rédhibitoire l'usager du vélo de celui de tout engin motorisé.

Transporté d'un endroit à un autre par un assemblage de tôles à propulsion mécanique, le corps humain a de fortes chances d'être dans un état identique à l'arrivée (sauf rencontre fortuite avec un assemblage de troncs et de branches). L'esprit humain n'ayant reçu aucune information notable en provenance du métabolisme figé dans la même attitude (hormis une éventuelle crampe) sera lui aussi globalement dans le même état de veille. L'effort a été totalement banni du processus de déplacement. C'est d'ailleurs généralement considéré comme une belle victoire de la civilisation.

L'effort reste pourtant la clé d'accès à une certaine forme de conscience. Et il n'y a là rien de judéo-chrétien ou de masochiste. L'effort à vélo est léger. Homéopathique. Et c'est justement à petite dose qu'il s'inscrit dans le cours subtil de la pensée.

Le corps du cycliste, exposé à la légère douleur de l'effort, produit en catimini ses endorphines aux vertus euphorisantes. Elles le seront d'autant plus que l'effort aura été long et régulier (pas forcément violent !). Le corps du cycliste aura donc transmis à l'esprit en mouvement une kyrielle d'informations sympathiques, qui s'intégreront au raisonnement en cours, quel qu'il soit, dans un sens n'en doutons pas optimiste.

C'est un phénomène purement chimique qui ne doit rien à la magie. Mais qui réussit pourtant ce tour de passe-passe qu'à vélo ce n'est jamais tout à fait le même qui part et qui arrive.

Un peu de prospective amusante : il y a quelque chose d'effrayant à constater cette logique de notre évolution, qui tend à éradiquer l'effort, comme la douleur. Une logique qui, à terme, viserait à nous débarrasser ni plus ni moins des contingences du corps. Nous serions dans un millénaire prochain de purs esprits libérés, pourquoi pas, de ces obsolètes membres justement appelés inférieurs, voire d'un appareil musculaire désormais superflu.

Dans le même temps, le tout informatique aura achevé son œuvre de déréalisation. La matière, devenue totale abstraction sur un écran glacé, prenant, tout comme la réalité humaine, le même chemin ectoplasmique de non-être.

Envisageons-le, juste pour rire, par goût de la science-fiction bon marché. Néanmoins, devant ces tendances qui se dessinent confusément, persistons à affirmer avec force et grandiloquence que la pratique de la bicyclette incarne symboliquement (et le terme « incarner » n'est pas anodin) une forme d'évolution considérant la matière, le corps et l'esprit comme trois éléments indissociables, dont l'oubli d'un seul conduirait toute société à sa perte.

J'entends parfois dire : « Le vélo en ville, c'est fatigant » C'est vrai. Et c'est faux. Bien sûr, enclencher la machine à pédaler exige plus d'efforts que la machine à marcher. Bien sûr, il peut y avoir des petits moments de souffrance. Pour les éviter, il s'agit non pas de forcer l'allure pour arriver plus vite, ni de musarder à l'extrême, ce qui provoque une autre forme de fatigue, celle de l'ennui, mais de trouver la bonne fréquence. Comme sur la bande FM : avant c'est brouillé, après c'est inaudible, pile sur la station c'est le confort d'écoute.

La fréquence à vélo, c'est la recherche d'un rythme intérieur secret (connu de vous seul !), la « vitesse juste », qui, lorsqu'elle est atteinte, vous transporte comme dans un courant invisible. Là, tout de suite, c'est plus facile. Quelque chose s'est mis en accord. L'effort se relâche. Un peu comme dans toutes les disciplines artistiques, quand la technique est oubliée, et que la grâce prend le relais. Le geste, tout à l'heure pensé, maîtrisé, forcé, se délie. La main s'envole. L'acte créatif devient possible.

Imaginons qu'il y ait des sortes de « courants d'énergie porteurs » qui traverseraient les lieux et les instants. Comme les phares des voitures sur les photos nocturnes qui laissent de grandes traînées de couleur. A l'œil nu, on ne les voit pas. L'appareil photo, posé sur un pied, les fait apparaître. Le jeu serait alors de saisir chacun le sien et de « se laisser agir » plus que d'agir, et de voir comment cette fréquence enfin trouvée fait tomber les obstacles internes (fatigue) mais aussi externes (le feu passe au vert, incroyable !).

Descendons de vélo, et poursuivons le jeu dans la vraie vie. Dans chaque circonstance un peu heurtée, ajustons avec finesse, par une écoute sensible, notre fréquence personnelle sur celle de l'instant. Là aussi les feux passent au vert ! Ce n'est qu'un jeu. Evidemment, ça ne marche pas à tous les coups. Si ça se trouve, la recherche de cette fréquence intime dans le grand brouhaha du monde, c'est le travail de toute une vie.

La fatigue en voiture est poisseuse. Elle vous enserre la tête, vous arc-boute le dos, et vous fourmille dans les jambes. Elle vous rend nerveux et agressif. Enfin elle vous jette, les deux bras sur le volant, dans un demi-sommeil mauvais, sur une aire d'autoroute jonchée d'emballages.

La fatigue à vélo vous vide la tête, vous flageole les mollets, vous donne faim, fait de vous un corps repu d'efforts, abandonné à une douce sensation de plénitude, puis vous jette dans l'herbe grasse, pour un rêve fusionnel avec l'univers.

Plus trivialement notons l'effet évident de l'effort sur le corps : la sueur. Souvent, j'entends : « J'irais bien bosser à vélo mais... » (là, mon interlocuteur soulève un bras et dénonce une auréole fictive en se bouchant le nez). Admettons-le : la présence d'effluves sudoripares peut influer (refluer) négativement dans les rapports de travail. Une promotion méritée peut vous passer sous le nez (c'est le mot). Voilà un obstacle de taille à la propagation du vélo dans le monde de l'entreprise.

Eh bien, remettons en cause une organisation sociale qui prive les employés de cette fraîcheur d'esprit cycliste du petit matin, si bénéfique à la qualité des rapports humains, et, nous le pensons, au profit (ce dernier terme étant plus susceptible d'émouvoir les « décideurs »). Proposons des vestiaires et des douches dans chaque établissement.

C'est tout ? Voilà une suggestion bien terre à terre au regard de notre prétention claironnée de « révolutionner l'économie d'entreprise ». Attendez ! Cette réformette est peut-être moins dérisoire qu'elle ne le laisse supposer.

Tout d'abord, sur un plan pratique, c'est un jeu d'enfant. Ça coûte moins cher que la gestion de places de parking. Gain de place. Ça permet aux salariés de venir travailler à vélo (ou en roller, ou en jogging, en tous cas par un moyen qui permet l'expression du corps). Gain de temps. Une bonne douche redynamise le salarié et clarifie les idées. Gain d'énergie. Les effets associés, bien connus des sportifs, effort + douche, diminuent considérablement les relations agressives. Gain de productivité. Tout ça bien sûr à dose homéopathique.

Mais autre chose s'est amorcé, souterrainement. Cette arrivée matinale par la case « expression du corps », puis « eau chaude sur la peau », peut changer la manière d'aborder le travail. Pas dans le sens du ramollissement général, comme le penseraient les partisans de la schlague, mais de l'harmonie. Quelque chose de l'ordre de la douceur de vivre s'insinue dans le jeu économique (jusqu'à présent fondé sur des valeurs plus brutales).

En faisant accepter le vélo par l'entreprise, c'est, mine de rien, un petit cheval de Troie que nous introduirions dans l'économie globale.

Et puis finis ces parkings d'entreprise, caricatures d'échelles sociales : la Rover du directeur sur l'emplacement réservé, la Volvo du cadre au milieu, et la Fiat de l'employé au bout. Ça nous faisait des débuts de journée qui sentaient déjà l'aigreur et la lutte des classes.

L'arrivée commune au garage à vélo a quelque chose de plus fraternel, comme ces barrières sociales qui tombent au sein d'une même équipe de sport. Ne les oublions pas pour autant, ces barrières. Pas d'angélisme. Mais supposons qu'il sera désormais plus difficile de licencier en aveugle un voisin de mêlée ou d'antivol de vélo.

J'ajoute que la proximité physique dans une douche collective risque d'ajouter à la décrispation ambiante. Non pas comme le suggèrent les blagues de savonnettes au sol qu'ils ne faut pas ramasser, sous peine d'encourir la prétendue fraternité virile des sportifs. Mais parce que dans cet ersatz d'éden brumeux de chaleur, comme au premier jour du monde, quand corps et âmes relâchent un instant leurs maintien social, les relations humaines ont aussi l'occasion de se dénuder de leurs artifices. Un peu de vérité sera sortie, non pas du puits, mais du pommeau de douche.

A cette équation miraculeuse vélo-douche, j'ajouterais une troisième inconnue.

Les effets bénéfiques du cocktail vont se transformer, au début de l'après-midi, en une douce fatigue. C'est physique. Une réforme en entraînant une autre, nous ajouterons donc : sieste. Cris d'orfraies des syndicats patronaux, arrachages de cheveux ! C'est toute l'économie nationale qu'on veut mettre à terre !

Contresens, une fois de plus, de ceux qui ontologiquement ne peuvent pas accepter l'idée que bien-être du salarié et efficacité soient compatibles.

Tous les praticiens de la sieste (dont je suis) vous le diront : un quart d'heure de sommeil restitue lucidité comme neuve, et énergie accrue. Les fins d'après-midi jadis vasouillardes et contre-productives verront au contraire la résurrection du salarié.

Je propose donc des espaces de repos, pour siestes non crapuleuses mais d'usage libre, sur des sommiers à lattes, qui maintiennent le corps dans une forme honorable (et non sur des matelas de plumes d'oie de nos grand-mères, où l'on sombre corps et biens au fond d'un sommeil comateux).

Cet ensemble de propositions, d'apparence bénigne, est susceptible aussi de réengager l'économie sur une autre dynamique. Car peut-être apparaîtra-t-il aux acteurs économiques, comme nettoyés par cette clarté d'esprit particulière au sortir de la sieste, que la course sans fin à la productivité n'a plus de sens si elle produit surtout du mal de vivre.

Le vélo invente une nouvelle géographie de la ville. Le décodage d'un plan de Paris est foncièrement différent selon que l'on est utilisateur du métro, de l'auto ou du vélo.

L'usager exclusif du métro a une vue segmentée. Il descend sous terre puis remonte une demi-heure plus tard. Tout a changé. Un décor nouveau s'impose à lui. Du sous-sol à la lumière naturelle les transitions sont hachées. Les quartiers sont comme des îlots séparés. Le passager du métro a du mal à faire le lien entre eux. La physionomie générale de la ville est plutôt floue, hérissée de points d'ancrages, immergée par endroits sous des *no man's land*. Châtelet, République ou Denfert-Rochereau n'évoquent bien souvent que des changements. La porte de Vanves n'est qu'une direction aussi irréelle qu'Alpha du Centaure, où il n'ira jamais non plus.

Cette connaissance de la ville par le métro n'est pas sans charme pour le néo-parisien. Elle confère à la ville une dimension mystérieuse, celle d'un puzzle dont on ne possède que quelques morceaux. Mais elle finit par frustrer.

La connaissance de la ville par le conducteur-auto est aussi parcellaire : il ne connaît que les grands axes, tant est mauvais le souvenir de s'être un jour « aventuré par les petites rues pour gagner du temps ». Des pans entiers de la ville lui sont donc inconnus. Et c'est bien ainsi.

Redessinée par le vélo, la géographie de Paris est inédite. Au moins pour une raison : alors que métro et auto ont chacun à sa façon aplani la carte de la ville, le vélo, lui, a redonné la « 3D ». Car le cycliste qui consulte un plan ne se souviendra pas seulement des odeurs et des ambiances des différents quartiers. Il se souviendra aussi du RELIEF. Il sait que traverser Paris du sud au nord, c'est descendre lentement jusqu'à la Seine, puis remonter progressivement jusqu'aux points culminants de Montmartre ou des Buttes-Chaumont.

Avant de pratiquer le vélo, cette cuvette de la Seine ne m'était jamais apparue. Je crois même que pour moi, Paris était tout plat, comme sur le plan. Je sais maintenant que naviguer vers la Porte des Lilas m'expose à quelques redoutables ascensions, que rallier l'Arc de Triomphe à la place Clichy va m'offrir la douce euphorie d'une descente amicale jusqu'au parc Monceau, mais qu'ensuite les Batignolles me proposeront leur faux plat (de résistance).

Le cycliste trace avec sa sueur son propre plan de Paris, plein de souffrances et de petites joies insoupçonnées.

Définitivement, vélo et auto ne fréquentent pas la même dimension.

Dans la fameuse troisième dimension, que lui seul pratique, le cycliste sera traversé par divers mouvements d'humeur, quand par exemple il aura souffert pour monter, et qu'immédiatement après ça redescend, et que ça revient à l'altitude initiale. Tous ces efforts pour rien, pour un caprice géodésique, un quelconque pli de l'ère pré-jurassique. Cette absurdité métaphysique relève du mythe de Sisyphe.

L'automobiliste, lui, n'en souffre pas une seconde, maintenu qu'il est dans l'ère pré-galiléenne d'une Terre plate. La souffrance est incontestablement dans le camp cycliste.

En revanche, si l'on trace les itinéraires comparés à plat sur un plan de la ville, la souffrance repasse dans le camp de la voiture. Car le tracé automobiliste pour relier un point A (chez lui) à un point B (chez un ami) sera véritablement parkinsonien : sens uniques, giratoires, terre-pleins à contourner, détours infinis et rues bloquées par des camions-poubelles, égarement, consultations de plan en double-file, et finalement ronde infernale dans le quartier pour se garer et arriver chez cet ami tout juste avant la tombée de la nuit. Le parcours d'un crayon dans un labyrinthe de jeu pour enfant.

Pour parvenir chez le même ami, le cycliste réussira, lui, presque la ligne droite, bravant les sens interdits, montant sur les trottoirs, coupant les carrefours et se garant en bas de l'immeuble, dans la cour. Géométriquement vainqueur.

Qui plus est, vélo et auto ne fréquentent pas non plus les mêmes fuseaux horaires. Quand l'automobiliste arrive enfin chez l'ami, le cycliste en sort déjà. Ils ne se croisent même pas : l'automobiliste prend l'ascenseur (évidemment).

J'ai un souvenir cuisant de télescopage entre une vision sur plan et celle rattrapée par la réalité tridimensionnelle. Nous étions jeunes, c'étaient nos années de formation (elle fut rude). Nous partîmes à trois, à vélo, de notre Pas-de-Calais natal (je te salue au passage, ô mon beau pays d'Artois !), et sans prompt renfort du tout, nous étions toujours trois aux abords de la Normandie. Avec ce choix cornélien : prendre la route à grande vitesse pour rallier Le Havre ou emprunter les chemins sinueux qui sentent bon la noisette et suivent le littoral, par ailleurs signalisés sur la carte Michelin d'un pimpant renfort jaune et vert prometteur d'un « itinéraire touristique exceptionnel ».

Qu'eussiez-vous fait à notre place ? Sans même prendre une demi-seconde de réflexion, nous orientâmes nos fiers guidons, que de fières mains calleuses du Pas-de-Calais avaient su mener jusque-là, vers les noisettes, la mer et ces alléchants itinéraires jaunes et verts. Terre, Terre, voici ces rades inconnues !

Evidemment, vous l'avez deviné, nous fûmes rattrapés par le réel, et pûmes mesurer *de visu* les abîmes qui séparent la vision anticipée des cartes Michelin et l'état des routes du monde des vivants, à tout le moins pour les praticiens du vélo que nous étions.

Ce fut un enfer. Chaque portion de route colorée de jaune-vert était en fait une ascension dantesque vers des hauts plateaux andins, que nous gravissions debout un pied sur une pédale en espérant qu'elle veuille encore redescendre, puis sur l'autre avec le même souhait, pas toujours exaucé. Une fois là-haut, nous errions, le cou cassé, le nez sur le phare avant. Etrange parcours sinusoïdal, la carcasse moulue agitée de spasmes, et le teint rouge-brique des maisons de notre enfance ; silhouettes fantomatiques pour les rares paysans du cru, qui se retournaient longtemps après notre passage.

Progressivement nous sentions, à la déclivité naissante du sol, que l'itinéraire allait reprendre un coup de jaune-vert, mais dans l'autre sens. En maudissant M. Michelin et ses héritiers, nous nous engouffrions, ou plus exactement nous étions happés par des gouffres tout juste bituminés, les phalanges blanchies par la crispation sur les freins, avec cette crainte, toujours justifiée, qu'à cette descente succéderait une montée du même pourcentage.

Nous ne vîmes ni la mer ni les noisettes, qui étaient pourtant si proches, mais si loin de nous. Ni rien de ce que nous promettait Michelin sur sa carte. A la vue du Bibendum tout en pneus de bagnoles, j'ai alors compris que le gars Michelin était résolument du côté des quatre-roues. J'avais payé pour le savoir.

J'ajoute que notre calvaire était aggravé par le choix que nous avions fait de tirer une petite charrette derrière le vélo, avec nos sacs à dos et tout le matériel de tente. Cette carriole avait été décorée par mes soins dans la perspective (exaltante) de ce voyage. Emporté par le lyrisme propre à l'adolescence et par la fascination qu'exerçaient sur moi les bandes dessinées de Druillet, j'en avais constellé les parois extérieures de planètes incandescentes surgies de la gueule de monstres hallucinés. Dans mon esprit, cette décoration avait pour but de frapper de stupeur les badauds qui viendraient à s'intéresser à notre caravane de l'enfer, et de conférer ainsi à notre périple une aura intergalactique.

Pour tempérer mes effets spéciaux et leur redonner des proportions plus modestes et plus limitées dans l'espace, mon camarade Michel avait placé partout des autocollants Europe Assistance, comme le conseillait notre contrat d'assurance. Nous n'eûmes pas besoin de l'assistance d'Europe, mais la fresque ne s'en révéla pas moins prémonitoire, car ce furent nos bouches hallucinées qui crachèrent moult planètes incandescentes sur cette voie lactée normande.

Cette charrette de l'apocalypse connut d'ailleurs une fin misérable. A notre retour sur Terre, le père de Francis en reprit possession pour transporter ses patates dans son jardin ouvrier. Triste fin. Mais pas tant que ça. Mes camarades et moi-même n'avons jamais manqué l'occasion d'une bonne tranche de rire, rien qu'à le voir passer en sifflotant, tirant sa carriole pleine de pommes de terre, avec les monstres hurlant du fond de la galaxie sur ses flancs, et ses autocollants Europe Assistance (« numéro d'appel gratuit, jour et nuit, où que vous soyez dans le monde »), lui qui parcourait à tout casser cent mètres de chez lui à son jardin.

Au titre des joies spécifiquement cyclistes, l'heureux habitant de la butte Montmartre qui prend son départ au sommet de la rue Caulaincourt avec comme destination la place de la Concorde est pratiquement assuré d'un parcours SANS UN SEUL coup de pédale. Luxe suprême. Plié en deux sur la piste d'envol du virage Caulaincourt, il se verra ensuite propulsé vers le pont du cimetière de Montmartre, avec la tour Eiffel en point de mire, le vent dans les cheveux, paupières mi-closes. Cette impression de vie intense accentuée par la vision des tombes en contrebas, qu'il survole avec une indécence telle que plus d'un doit s'y retourner.

Après un zigzag au milieu des bouchons de la place Clichy qui laissera sur place tous les concurrents, même à moto, notre Lindbergh urbain virera sur la gauche à neuf heures sud-sud-ouest pour un impressionnant piqué sur la gare Saint-Lazare, qu'il laissera sur sa droite pour terminer en roue libre, par l'excellente rue Tronchet, jusqu'à la Madeleine, et au bout là-bas l'obélisque, comme une manche à air. Le tout en quelques minutes.

Aucun autre moyen de transport (hors hélicoptère) ne peut prétendre réussir le même exploit, car au passage il aura fallu griller quelques feux rouges, ce que seuls les vélos peuvent se permettre avec autant d'impudence (sans « r » après le « p » !). Il aura fallu bien sûr pédaler aussi un peu dans les dernières centaines de mètres, mais notre Lindbergh atterrissant, encore tout à la joie de son baptême de chambre à air, ne se livrera pas à cette mesquine comptabilité.

La place de la Concorde, tout comme la place de l'Etoile, sont particulièrement indiquées pour tester le charisme des débutants sur deux-roues. Plus encore qu'ailleurs, le vélo y est un intrus. Moins encore qu'ailleurs, les choses n'ont été prévues pour lui.

Pour avoir souvent pratiqué ces deux jungles urbaines, ou règnent le chaos et la loi du plus fort en gueule, je conseillerais au néo-cycliste d'y aller au flan. Un culot serein aux vertus charismatiques évidentes permet de traverser ces deux hauts lieux du tout-automobile triomphant, à son rythme, sans tenir compte des surgissements par effraction qui en sont la règle non écrite. Les tables de la non-loi.

Cette foi tranquille, qui est celle de Moïse, verra semblablement tous les obstacles s'ouvrir devant vous, comme la mer Rouge devant le peuple juif. De même les klaxons rageurs et les invectives seront engloutis derrière vous, par la mer refermée de votre indifférence.

Au titre des peines, le malheureux habitant de Montmartre, ou pis des hauts de Belleville et Ménilmontant, ne pourra jamais rien faire à vélo sans revenir chez lui la tête dans les épaules, deux auréoles sous les aisselles, n'aspirant qu'à une bonne douche, un suppositoire et au lit ! Alors que ses invités vont arriver dans deux minutes.

C'est l'inconvénient (il y en a). Quiconque a jamais escaladé (j'en suis), même avec le grand pignon et le petit plateau, les rues de Belleville et de Ménil (la bien nommée)-montant, ne pourra prétendre avoir contemplé les marches où Edith Piaf est paraît-il née, ou goûté l'atmosphère chaleureuse du quartier. Non. Concentré sur son effort, le regard plombé sur la roue avant, la goutte de sueur glissant tout à coup de la nuque aux reins, debout sur une pédale qui tarde à redescendre, puis sur l'autre, le candidat à l'exploit ascensionnel, ironiquement salué depuis la vitre baissée par quelques passagers que la souffrance humaine distrait un instant, n'utilise toute la puissance de son cerveau que pour projeter dans son champ de conscience l'image de la fin du martyr, sous la forme du bout de la rue, qui pourtant se dérobe.

On est loin de la qualité d'attention dont nous nous faisions les chantres. Replié sur son effort, le cycliste passe à côté, sans voir. Et il s'en excuse. Mais vous ne lui retirerez pas cette petite pointe de fierté, quand il rattrapera au sommet les voitures stoppées au feu, hissé là par la seule force de sa volonté sans aucun dopant hydrocarbure, vainqueur seul de ce petit Annapurna personnel. Plus que dans les vertus d'attention au monde, c'est dans cette dignité retrouvée qu'il puisera sa nourriture spirituelle.

Les amoureux sont seuls au monde, c'est bien connu, mais à vélo ils le sont plus encore. Regardons-les rouler de concert, côte à côte, main dans la main, nous n'existons plus pour eux, le sentiment qui les unit à cet instant forme une bulle alentour. Le fait de rouler, en quelque sorte de passer à travers nous, accentue leur isolement ; le fait de pédaler ensemble, dans le même mouvement, les unit plus encore.

Deux amants à vélo ne traversent pas la ville, ils la transpercent comme un nuage, sur des pédales de vent.

J'ai vécu cette solitude amoureuse sur deux-roues dans un contexte un peu particulier. Nous pédalions, la lumière de mes jours et moi-même, de retour d'une retransmission télévisée d'élections présidentielles chez des amis. Ce jour-là, l'avait emporté un candidat assez éloigné de nos valeurs humaines. L'heure était à la morosité.

Tout à notre mélancolie cyclotouriste, nous ne nous aperçûmes pas tout de suite, ma mie et moi-même, que nous cheminions au milieu de joyeux drilles, visiblement du camp adverse, à en juger aux « on-a-gagné ! » que proféraient leurs gorges chaudes. Nous fûmes bientôt cernés.

Au milieu de cette marée humaine, à contre-courant (ils allaient tous au concert de la place de la Concorde), mon amante éternelle et moi-même nous prîmes spontanément la main, pédalant ce nonobstant, et entonnâmes un pathétique et courageux « C'est la lutteu finaleu, unissons-nous et demain... ». Non que nous fussions nostalgiques d'un idéal révolutionnaire soviétique par ailleurs autodétruit, mais parce qu'il nous semblait trouver dans ces stances humanistes à connotation fortement radieuse un contrepoint plaisant à ce moment précis de l'effondrement de l'Histoire.

Nous avons donc pu expérimenter, ma compagne des bons et mauvais jours et moi-même, ce sentiment d'être seuls au monde. Et le fait de l'expérimenter à vélo nous fut d'un grand secours. Le temps que la horde des vainqueurs mesure l'envergure planétaire de nos projets d'union avec les damnés de la Terre, et qu'ils appréhendent dans toute son horreur notre désir que l'Internationale soit le genre humain, nous étions déjà à quelques encablures, hors de portée de leur vindicte revancharde.

Au milieu de cette immense défaite, nous étions deux petites bulles victorieuses, deux coquelicots sur une terre brûlée, signe que tout pouvait refleurir un jour.

Chez d'aucuns, le souvenir des premières amours est lié à la banquette arrière des voitures. Chez moi, il est lié au vélo. A ces folles quêtes d'un endroit où exprimer nos embrasements folliculaires post-adolescents. Chez elle, il y avait son père, et chez moi, ma mère. Alors nous sillonnions la nature environnante dans l'espoir d'une cachette naturelle. Mais le plat pays qui est le mien n'en proposait pas beaucoup. Il fallait pédaler longtemps. A l'entrée de ce champ que nous avions finalement trouvé, nous avons couché nos deux vélos, avant d'en faire de même dans une tranchée plus loin.

Deux vélos à l'entrée d'un champ, c'est l'un des plus beau symboles d'amour que je connaisse. Un vélo masculin, avec la barre au milieu, un vélo féminin, sans barre et avec forcément du goûter pour deux dans un petit panier sur le porte-bagage. (Le concept éminemment enfantin de « goûter pour deux sur le porte-bagage » est chez moi indissolublement lié à l'idée du bonheur : son contenu mystérieux et prometteur de chocos BN ou autres tartines de fraise est une image de paix qu'aucune menace de guerre nucléaire ne saurait assombrir, l'emblème secret d'une union indéfectible avec un autre être sur cette planète et qui vous comprend.)

Cette signalétique amoureuse, plus efficace encore qu'un panneau routier, nous a d'ailleurs trahis. Le fermier qui est venu nous déloger, sensible lui-aussi à l'image des deux vélos couchés dans l'herbe, mais ne l'associant pas pour autant à une expression de l'amour universel, nous livra *manu militari* son décodage personnel.

Enfourchant nos machines à la diable, je rappelai au spectateur de l'émission *Des chiffres et des lettres* qu'il était peut-être, en manière d'astuce sémantique réconciliatoire, qu'après tout « vélo » était l'anagramme de « love ». L'homme n'avait pas la télé ou n'était pas anglophone ; je perdis un ami potentiel dans cette campagne désormais hostile, mais gagnai l'admiration de ma belle, éblouie par cette ultime saillie, verbale cette fois.

J'ai payé un lourd tribut à la cause du vélo à Paris : on m'en a volé deux. (« Vélo » est aussi l'anagramme de « volé ».) Et toujours, au moment de la découverte du forfait, cette même stupeur de l'endroit vide, où se tenait feu la monture. Juste à l'endroit du cadenas en deux morceaux. Pendant une longue fraction de seconde, l'esprit ne peut s'accommoder d'une réalité incomplète, sans pouvoir encore identifier la raison du malaise ; cette nostalgie d'une complétude dont il tarde à reconstituer ce qu'elle fut.

La pupille balaye l'espace vide (vidé) à la recherche de l'encore indicible dont les contours vont se précisant, avec ce sentiment d'une violente effraction dans la douceur du jour. La silhouette amie qui nous manque (mais quelle est-elle ?) se trace maintenant dans notre champ de conscience en pointillés fantomatiques, puis en lignes tangibles de courbes et de roues, oui là un pédalier, et là un guidon, mais c'est mon vélo ! Avant de s'évanouir cette fois totalement, ne laissant qu'un petit nuage, plop, comme le font les bons génies des dessins animés qui disparaissent après un dernier petit signe de la main.

Ainsi procède l'esprit humain conçu pour occulter les événements trop brutaux émotionnellement et les distiller par fragments supportables, jusqu'à ce que leur réalité soit acceptée par les dernières particules de conscience. On peut estimer un peu outrancier ce descriptif d'un bête vol de vélo. Surtout après avoir glosé perfidement sur les réactions meurtrières de l'automobiliste à la carrosserie rayée. C'est juste.

Confessons que le cycliste dépouillé que je fus s'est lui aussi laissé enfermer dans une illusion : enivré par la toujours douce euphorie d'un voyage à vélo, prolongé par une balade à pied du même tonneau, j'avais oublié la violence du monde. Cette illusion gisait au sol à mon retour, sectionnée par deux pinces coupantes.

Rentrant chez moi à pied, à la façon des amputés qui ressentent longtemps encore la présence de leur membre pourtant disparu, une partie de moi-même continuait de pédaler.

Ashley, mon ami anglais, pense que le meilleur antivol à Paris, ce sont les crottes de pigeon. Un vélo couvert d'excréments ne tentera pas le plus indélicat des voleurs de bicyclette. C'est pourquoi, dès qu'il a un vélo neuf, même si c'est un cadeau d'anniversaire, il le souille méthodiquement, quelquefois sous les yeux effarés des amis qui viennent de le lui offrir. Il perd parfois ses amis, jamais ses vélos.

L'autre jour, j'ai aperçu et suivi un moment un cycliste pédalant, un téléphone portable à l'oreille. Spectacle désolant pour le vélophile de base à qui l'incompatibilité définitive entre l'esprit vélo et l'esprit portable saute aux yeux. Rien de commun entre la flânerie mentale du cycliste et cette obsession fébrile de joindre ou d'être joint à tout moment. Ce sentiment d'urgence à tenir une conversation dont la totale vacuité éclatera aux oreilles des deux communicants une fois déconnectés.

Notre hérétique cyclo-téléphoniste bio-cellulaire eût-il dû patienter jusqu'à la prochaine cabine, voire être rentré chez lui, pour tenir la même conversation ? Ce qui était une urgence absolue lui en eût semblé dès lors moins pressant. Je pense même qu'elle se serait dissipée dans l'atmosphère, par la magie conjointe du joyeux pédalage et du temps écoulé, tous deux merveilleux antidotes.

Oui, mais voilà. Il n'a pu s'empêcher de « communiquer », toutes affaires cessantes, propulsé vers le vide par une avancée technologique qui, en favorisant la vitesse d'exécution, réduit de fait le temps de maturation.

En revanche, entre l'esprit automobile et l'esprit portable, il y a plus que compatibilité, il y a complémentarité. Complémentarité dans la grande entreprise de vide. Observons. Même emballage tapageur sous couleur de progrès technique, même imagerie d'objet furieusement contemporain, voire futuriste. Même gadgétisation à outrance. Et surtout, même habileté à créer un besoin : les gens qui ne peuvent attendre pour téléphoner me font penser à ceux qui ne peuvent pas faire cent mètres sans prendre leur voiture. Un prétendu confort supplémentaire masquant un accroissement de servitude.

Et enfin, même processus de déréalisation : soustrait à l'univers tangible par l'habitacle automobile d'un côté, et de l'autre projeté dans l'ailleurs par le boîtier cellulaire. Dans les deux cas hors de la présence physique au monde.

Les cumulards qui pratiquent le portable en voiture (joli concentré d'absence) sont tôt ou tard condamnés à l'accident de la route, aspirés par le néant à force d'en produire.

Un autre genre de cumulard : le fumeur en voiture. A priori, rien que de très banal, pas de quoi s'indigner. Et puis fumer au volant, à l'inverse de boire au volant, ou téléphoner au volant (ou encore pratiquer la sexualité orale au volant), présente un taux de dangerosité quasi nul. Le malaise n'est pas là. Il est au plan symbolique. Car cette image est troublante : celle d'un humain rejetant à la fois de la fumée dans l'atmosphère et de la fumée dans ses poumons.

Le trouble vient de cette habitude, emblématique de l'homo sapiens contemporain, de détruire, ici dans une proportion infime c'est vrai, la biosphère qui l'entoure, en même temps que son propre métabolisme. Comme une double négation de soi-même et du monde.

Cet emboîtage parfait entre deux comportements a quelque chose de désespérant. Il témoigne d'une dérive irréversible. Si l'on pose comme postulat qu'une civilisation humaniste est celle dont les membres pratiquent la symbiose avec l'environnement ET le respect d'eux-mêmes, le fumeur au volant anéantit cette image d'harmonie intérieure-extérieure, dans la double fumée de sa cigarette et des gaz d'échappement.

Dès qu'ils se sentent menacés dans leur pratique, fumeurs comme automobilistes brandissent l'étendard de la liberté.

Le fumeur arguë facilement de sa soi-disant « liberté de choisir sa mort », revêtant ainsi la toge romantique du héros affranchi de toutes les peurs (alors qu'il sera vert de trouille devant la tumeur mortelle sur sa radio des poumons) et de chantre du libre arbitre (quand en fait il n'agit que soumis à la dépendance avérée de la nicotine).

Quant à la liberté de l'automobiliste, en ville, qu'en reste-t-il ? Exprimer sa liberté individuelle de circuler équivaudra bientôt à anéantir purement et simplement la liberté collective dans d'immenses embouteillages paralysants, cimetières de toutes les libertés de mouvement. C'est tuer la liberté au nom de la liberté, comme le suicidé proclame son droit de mourir en même temps qu'il le dissout dans son acte.

Autre similitude troublante : la dépendance à la voiture rappelle l'addiction à la cigarette. Et d'ailleurs (coïncidence), la voiture provoque autant de morts en France que le cancer du fumeur. Exigeons sur toutes les portières : « NUIT GRAVEMENT À LA SANTE ».

J'imagine la mine effarée d'un responsable de l'Automobile Club tombant par inadvertance sur ces lignes. S'il ne crie pas « au fou ! », il y verra le complot d'une secte d'illuminés qui prône le retour en vélo à l'âge des cavernes. Pour lui, et comment l'en blâmer, le vélo appartient au passé et l'auto, c'est l'avenir.

Qu'il se rassure : la présente apologie ne signe pas l'arrêt de mort de l'automobile. Elle n'est en fait que l'approche par tâtonnement d'une forme d'état d'esprit que le vélo développe miraculeusement, entre sa selle et son guidon, et que l'auto dissout entre ses portières.

Formulons au plus flou cette intuition : certes le vélo n'est pas l'avenir de l'homme, mais ce qui naît de sa pratique contient en germe une « qualité d'être » merveilleusement futuriste. Certes, la voiture n'est pas le cercueil de l'humanité, mais cette façon d'être ensemble sur Terre qu'elle symbolise cruellement est appelée à mourir.

C'est sur ce plan-là, cher directeur de l'Automobile Club, et sur ce plan-là seulement, que le vélo est d'avant-garde et l'auto passéiste.

La pratique du vélo est une mise en scène (en selle). Une lecture du monde avec l'éclairage d'une lampe sur le garde-boue avant, alimentée par une ronronnante dynamo. Alors qu'on nous a trop souvent imposé le faisceau brutal, en position plein-phares, des bolides nocturnes. Nous militons pour une pensée qui, telle la loupiote vacillante d'un vélo en rase campagne, préserve tout le mystère d'une obscurité enveloppante, plus complice qu'ennemie, et qui ne cherche pas à concurrencer cette lueur d'aube naissante là-bas à l'horizon, mais au contraire, humble, lui laisse développer toute sa magie or et bleue. Une présence au monde discrète et sensible.

Alors que le scalpel lumineux de vos GTI de retour de boîtes viendra tailler dans toutes ces nuances des tranches à vif de jaune fluo, traçant sans cesse des limites au rasoir entre l'ombre et la lumière, alliés et adversaires, le bien et le mal, et hypnotisant des petits lapins d'avance condamnés à la guillotine de vos roues.

Pour vider le sac de cette querelle des anciens et des modernes et pour brouiller les pistes, j'ajouterai que je suis très souvent ravi de disposer d'une voiture pour me tirer d'embarras, ou furieux de peiner sur un vélo. L'auteur de ce précis de vélosophie est un être humain avec ses failles et ses contradictions. Il n'est pas tenu d'assumer toutes les conséquences de ses métaphores.

Qui est donc cet homo voiturus, excroissance récente de l'homo sapiens et qui à nous entendre porterait tous les maux de la Terre ? Non, pas tous les maux de la Terre, mais un concentré d'air du temps.

L'homo voiturus est occidental (du point de vue économique) et urbain (sociologique). Ce n'est donc pas, loin de là, le représentant type de l'humain actuel, mais il préfigure, de par la puissance du modèle qu'il incarne, en chair et en tôle, une certaine évolution de l'humanité. Et c'est en cela qu'il nous fait bondir de frayeur, debout sur nos pédales, quand il nous dépasse en trombe.

Traçons le portrait-robot de l'homo voiturus : individualiste forcené (plutôt moi que nous), esprit de compétition (le syndrome « vroum vroum »), machiste (grosse voiture = forte membrure), agressif (je suis entouré de paranoïaques qui m'en veulent), perte du sens des réalités (y a-t-il un monde autour de la voiture ?), pollution diurne (j'ai encore fait dans ma couche d'ozone), culte du paraître (je montre, donc je suis) et du superflu (c'est indispensable car je n'en ai pas besoin).

Surprise ! N'est-ce pas là le portrait-robot de l'homo œconomicus liberalis, qui apparaît en surimpression ? Frémissons de constater à quel point il est la projection virtuelle d'un type de société qui conduit ses passagers sans ceinture ni airbag droit dans le mur de l'Histoire. Ne sommes-nous pas là en présence de l'archétype ultra-libéral jusqu'à la nausée d'un mode de vie triomphant qui a placé la culture de l'ego comme valeur refuge ultime ?

La voiture est finalement une brillante allégorie de cette économie globale, qui nous conduit non seulement d'un endroit à un autre, mais aussi, à notre insu, d'un état de nous-même à un autre.

Ouvrir une portière, c'est toujours risquer de tomber sous le charme du Grand Bibendum mondial, dont les pneus vous étouffent aussi sûrement que les anneaux de l'anaconda.

Dans les années cinquante, Walt Disney (le fameux rebelle contestataire) avait réalisé un dessin animé qui montrait comment un loup, piéton affable doux comme l'agneau, se transformait en féroce prédateur dès qu'il se mettait au volant. La voiture agissait tel un amplificateur du négatif.

Ce n'était pas mal vu. J'ai souvent moi-même assisté à la transformation, de nature lycanthropique, d'amis raffinés avec lesquels on pouvait avoir des échanges subtils sur la littérature proustienne, en bêtes fauves au langage à peine articulé, une fois passés derrière le tableau de bord, insultant la Terre entière.

Leur suggérer qu'une telle débauche d'invectives était vaine, car parfaitement inaudible par les autres chauffards, ne servait à rien. Mes amis sont ainsi : au volant, ils sont tout à coup saisis d'un furieux complexe de supériorité, délivrant des leçons de conduite à coup de constats peu à l'amiable, ponctuées de cette interrogation récurrente sur l'obtention légale du permis.

Force m'est de constater que je n'ai jamais eu à déplorer une telle mutation chez un piéton devenu cycliste.

Le piéton passé au volant change, lui, de catégorie. De façon impalpable, le reste du monde (dont il faisait partie il y a à peine dix secondes !) lui est désormais hostile. Le conducteur d'une voiture à remonter le temps (perdu) serait capable de s'insulter lui-même s'il croisait le badaud proustien qu'il était encore il y a peu.

En voiture, quand j'occupe le siège du conducteur (eh oui, j'ai mon permis !), je réalise à quel point je peux me laisser enfermer dans des crispations irrationnelles, des conflits larvés avec la femme qui occupe le siège du passager.

Cette ambiance délétère sature rapidement l'habitacle, moisissure qui a besoin d'un espace clos pour proliférer.

Alors que, pédalant aux côtés de la même femme, la certitude me vient, lumineuse : je l'aime !

Dans les grandes villes, c'est l'un des jeux de société les plus idiots auxquels s'adonnent les automobilistes : pour se garer, on repasse trente fois dans la même rue jusqu'à ce qu'une voiture libère une place, on ne passe pas par la case départ, on ne touche pas vingt mille francs. Ça peut durer une heure. Un parcours désespérément répétitif que le candidat au stationnement va effectuer en rongeant son frein.

Un autre jour, cette même colère, il la déchaînera contre les contractuelles et leurs PV, et contre tous les règlements du monde. Sans voir la contradiction. Car que serait une ville sans les contractuelles (et leurs PV) ? Ce sont précisément ces règlements qui lui permettent encore de rouler en voiture.

Dans une jungle déréglementarisée, livrée aux plus forts, aux plus arrogants, circuler au milieu de l'encombrement anarchique des trottoirs serait un exploit, et trouver une place une bagarre de plusieurs heures. Le monopoly se transformerait en jeu de dames sans pitié où tous les coups sont permis.

Lentement, l'automobiliste s'est laissé enfermer dans des raisonnements tronqués où les effets n'ont plus de causes ; une autre logique, à courte vue, induite par sa position au volant. C'est-à-dire, seul. Une logique foncièrement individualiste. Cette petite prison d'acier l'a aussi isolé socialement. Plus que la capacité de raisonnement, c'est son sens de la vie en communauté qui s'est perdu en route.

A la faveur d'un dérapage incontrôlé, il est entré dans un monde où il n'y a plus de place que pour lui. Rejetant ce qui n'est pas lui : piétons, vélos, voitures (celles des autres). Il s'est glissé dans une spirale peuplée de contractuelles appliquant des lois inutiles à lui seul infligées.

Si l'on compare la dérive autiste initiée par l'esprit automobile et la démarche humaniste de base qui consiste finalement à rechercher la meilleure façon de vivre ensemble, il nous semble subitement que l'homo voiturus roule à tombeau ouvert les yeux bandés sur une voie de garage. Si ce n'est droit dans la fosse, qui elle, pour le coup, sera commune.

A tous les sceptiques, concédons ceci : bien sûr, la voiture peut AUSSI être un formidable outil de solidarité (l'auto-stop par exemple). Bien sûr, la voiture est un élément parfaitement neutre, ni bon ni mauvais en soi sur le plan moral.

Ce que nous nous plaisons à considérer, non sans une certaine véhémence de mauvais aloi, c'est plutôt la forme d'esprit dominante qui s'est emparée de cet outil neutre, pour en faire le véhicule (jeu de mots) d'une idéologie vrombissante, le parfait symbole d'une civilisation dont nous pensions tenir les commandes, mais qui nous a relégués sur la banquette arrière (voire dans le coffre).

Cet anti-automobilisme primaire, nous l'avons dit, sera volontiers qualifié de « sectaire ». La référence aux sectes, dès qu'il s'agit de contester une pratique majoritaire bien établie (valable aussi dans le domaine médical, ou pour l'Education), cette manière de rejeter l'interlocuteur dans le camp des gugusses en toges orange du Temple de la Crevette sacrée en partance pour Alpha du Centaure via l'immolation, me rappelle le récit d'un ami. Appelons-le Albert.

Albert travaille dans une radio à l'autre bout de Paris. Chaque matin il prend sa voiture, fait un détour pour déposer (en retard) sa fille à la maternelle, fonce en trombe vers le boulot, poireaute dans les embouteillages l'œil rivé sur la montre. Tourne pour se garer. Puis repart en reportage à travers la ville, mange sur le pouce, repart le soir, pour récupérer (en retard) sa fille chez la nourrice.

Bref, après une journée de bille d'acier dans un flipper, il trouve enfin à se garer, non sans s'être livré au jeu interminable de « la place de stationnement musicale ». En rentrant chez lui à pied, vidé, il passe chaque soir devant un local collectif où un groupe pratique probablement une activité relaxante. Par la fenêtre ouverte, il entend le son « ohm » sorti d'une quinzaine de gosiers. Hahaha, s'esclaffe-t-il chaque fois. Ça lui paraît du dernier grotesque. Tout ça, c'est secte et compagnie !

Peu importe, pour notre propos, que ce groupe soit ou non une secte. Ou ce que le sens commun considère comme tel, parfois par paresse. L'intérêt de cette anecdote est de suggérer à quel point le comportement de notre ami-bille de flipper, tout au long de sa journée de voiture, ressemble trait pour trait à ce qui caractérise les membres d'une secte (une vraie) ; à savoir, la perte de lucidité. Aspiré par ses multiples stress, à quel moment a-t-il été lui-même, Albert ? Pendant combien de temps sa conscience libre et agissante a-t-elle été opérationnelle dans le flipper urbain, avec cette capacité de discernement en éveil qui fait la supériorité de l'être humain sur la bille d'acier ?

Mon ami Albert, j'ai le regret de te l'annoncer, tu fais peut-être partie de la secte des boules de flipper. Evidemment, c'est une blague, Albert, détends-toi. Quoique, avec toute l'honnêteté qui nous caractérise Albert, pouvons-nous, toi et moi, affirmer avoir toujours échappé à ce demi-sommeil cotonneux de la raison qui font des membres de toutes sectes les proies idéales des grands manipulateurs ? Le fait que notre manipulation à nous soit plus vaste et plus insidieuse la rend-elle plus acceptable ?

Je sens que mon ami Albert n'a que mollement envie d'endosser une comparaison avec les crânes rasés agitateurs de clochettes. Tentons pourtant le parallèle, par pur plaisir rhétorique, toujours avec l'outil automobile, formidable instrument d'investigation du monde contemporain. Qu'est-ce qu'une secte ? Un groupement d'êtres humains embrigadés de leur plein gré, puis maintenus dans la dépendance par une pratique visant à les dépersonnaliser, les isoler, les dépouiller de leur argent, et éventuellement les conduire au sacrifice.

Reprenons point par point. Qu'est-ce qu'un automobiliste ? Un type qui a choisi une voiture, puis qui ne peut plus s'en passer, dont le comportement s'est modifié, méconnaissable au volant, coupé du monde réel, participant à des rituels collectifs au triangle de Rocquencourt ou place de la Concorde, capable de débourser des sommes folles en assurances-vignettes-essence-PV, et de s'immoler collectivement au cours de cérémonies morbides sur les bords de route dans les hurlements de sirènes.

Mon cher Albert, la secte la plus dangereuse, ce ne sont pas les adorateurs d'Alpha du Centaure (une centaine d'adeptes, 20 morts par an). Mais les adorateurs d'Alfa Romeo (des millions d'adeptes, 10 000 morts par an).

La seule pratique véritablement sectaire que je peux avoir à vélo, je l'avoue bien volontiers, consiste à rallier en groupe chaque 31 août le pont de l'Alma pour une cérémonie incantatoire toujours émouvante. Il s'agit de rendre hommage à M. Paul, tragique victime de la barbarie automobile, broyé par une Mercedes sous le fameux tunnel. Il y avait aussi une princesse et un milliardaire sur la banquette arrière, mais la presse s'est suffisamment chargée des hommages en ce qui les concerne.

M. Paul est le grand oublié. Adepte emblématique de la secte automobile, puisque ivre, drogué (sous Prozac), et auteur d'une immolation par collision assez réussie contre le très symbolique treizième pilier.

Nous perpétuons son souvenir sobrement, en lâchant le guidon et en levant les bras au ciel, tout en scandant trois fois un lugubre « Meeeeeuuuuuusieur Paul ! » Avant de nous en retourner sur les quais en pédalant entre ciel et eau, heureux de vivre, convaincus que les dieux sont avec nous, sur le porte-bagages et qu'aucun treizième pilier de la mort ne viendra jamais jeter son ombre en travers de nos roues.

Que faire pour la cause du vélo en ville ? Après mûre réflexion, nous exclurons la crémation de toutes les voitures en un gigantesque feu grégeois libérateur (un bien nommé « auto-dafé »). Car l'opinion n'est pas prête. D'ailleurs, ne tentons rien envers les voitures. Aucune mesure coercitive radicale ne pourrait inverser la logique suicidaire (au sens collectif) des adeptes du tout-auto urbain. Laissons-les s'enferrer jusqu'à l'aberrant : des cités asphyxiées et paralysées par la prolifération automobile, comme des globules blancs dans un corps malade.

La sagesse africaine dit : « Je m'assois sur le bord de la rivière et je regarde passer le cadavre de mon ennemi. » La sagesse orientale ajoute ceci : « Quand le fruit sera mûr, il tombera tout seul. »

Quant à la sagesse vélosophique, elle dit : « Que faire pour le vélo ? Faire du vélo. » C'est la seule chose à faire, pas plus, pas moins. Face à une folie collective, opposons l'acte individuel. Désormais les révolutions seront personnelles. « *Just do it* », disent les Américains. Et en effet, faire du vélo à Paris est un acte positif qui fera plus par l'exemple que tous les discours militants.

La joie du cycliste (même dans l'effort), le plaisir profond (malgré les difficultés) et l'impression de légèreté qu'il dégage réveilleront peut-être chez le prisonnier automobile qui roule au pas un vieux désir de liberté. Le bonheur est contagieux. Misons sur sa propagation par capillarité dans le tissu urbain. « *Happiness is a warm gun* », chantait John Lennon. Et pour en finir avec les citations, une dernière, de Prévert, parfaitement vélosophique : « Essayons d'être heureux, ne serait-ce que pour l'exemple. »

Le coup de pédale est de même nature que le fameux battement d'ailes de papillon ; celui qui, par l'enchaînement de subtiles causalités, finit par provoquer un tremblement de terre à l'autre bout du monde.

Citons aussi ce président de l'Automobile Club de France : « Le vélo en ville, tout le monde est pour. Mais je constate que personne n'en fait. »

Donc ne changeons rien. Sur ce mode de raisonnement, le maire d'un village pourrait dire : « Une piscine à la place de la fosse à purin ? Non, car je constate que personne ne plonge dans le purin. »

Imaginons la ville de Paris entièrement conçue pour le vélo. Imaginons-le par dérision, car cette idée est pour le moment totalement incongrue, tant le vélo est un intrus dans la carte de circulation parisienne.

Pour l'instant, c'est l'auto qui est au centre de la vie parisienne. Elle a pris le pouvoir, en douceur et sans jamais être remise en cause par les différents gouvernants de la place. Pourtant, c'est peut-être ça, l'incongruité. Ce qui peut paraître une évolution logique et naturelle sera un jour considéré comme une dégénérescence.

Car l'architecture urbaine et humaine de Paris n'est absolument pas faite pour la voiture. Historiquement et ontologiquement, c'est elle l'intruse. C'est un corps étranger qui a colonisé les rues, les a tordues ou redressées, amputées ou percées, en un mot les a asservies à sa cause : le comportement type de l'envahisseur impérialiste.

Par on ne sait quelle fuite en avant on a transformé une ville faite pour l'homme en une ville faite pour la voiture. Une carte postale en carte routière.

Je ne sais quel cerveau fou d'urbaniste des années soixante avait imaginé de vider entièrement la Seine pour en faire une gigantesque autoroute, transperçant Paris de part en part. Authentique ! Ça ne s'est pas fait, mais de l'avoir seulement conçu est déjà proprement hallucinant.

En revanche, ce qui a été fait, et là je ne blague plus, c'est de transformer, tenez-vous bien, les quais de la Seine en voie express. Je vous jure qu'ils l'ont fait ! Le rendez-vous des pêcheurs et des amoureux, ces magnifiques berges où la vue sur l'île de la Cité au ras de l'eau est unique, est actuellement (allez-y, si vous ne me croyez pas) survolé par des bolides fumants et pressés, glissant sur un bitume désespérément lisse.

Face à cette désolation, je suis comme Charlton Heston découvrant la statue de la Liberté brisée sur une plage post-nucléaire de la planète des singes. Je me jette au sol en répétant : « Ils l'ont fait ! »

Les rues du vieux Paris sont étroites et tortueuses. Entrelacs subtil d'architectures variées, homogénéisé par la grâce du temps qui passe et des vies qui l'ont façonné. Une rue de Paris est un décor sous-tendu de subtile harmonie, car établie au gré des hasards et des nécessités.

Dans ce décor de plusieurs siècles, en demi-teintes, secrètement patiné, une voiture fabriquée à la chaîne, outrageusement rutilante comme elles le sont toutes, du pare-brise aux pare-chocs (qui dénoncera ce goût « nouveau riche » pour le clinquant vulgaire ?) fait tache. On peut trouver cette position très snob. Peut-être. C'est un point de vue de privilégié. Sans doute. Je préfère y voir un goût désuet pour l'harmonieux.

Comme on dit au cinéma, la voiture n'est pas « raccord ». Une voiture près d'un chêne centenaire me fait cet effet-là aussi. En fait, il n'y a guère que sur un parking de supermarché que je la trouve à sa place. Alors, là, elle est parfaitement raccord. Au milieu des Caddies, elle est, comme qui dirait, en famille.

Les rues de Paris forment un grand labyrinthe. C'est ce qui fait leur mystère et donc leur charme. De quoi rendre fou un automobiliste américain, habitué aux carrés et angles droits, nets et sans bavures. Les villes américaines sont taillées au cordeau avec le souci très anglo-saxon de l'efficacité. Par blocs, rues et avenues numérotées (une 52e rue, sur le plan du charme, ne vaudra jamais une rue de la Grange-aux-Belles !). Et, de fait, ça fonctionne à merveille : même sans plan, il est impossible de se perdre dans une grande ville nord-américaine.

Pourtant une ville dans laquelle on ne se perd pas, c'est comme une femme sans mystère. Elle ne fascine plus. Le bonheur de Paris, c'est de découvrir encore des impasses et des rues fuyantes, délicieusement illogiques, qui déboussolent un moment, nous offrent un instant le sentiment d'un ailleurs dans le connu. Ce qui pourrait être une belle définition de la féminité.

Les capitales européennes sont des femmes fatales. Les villes américaines des majordomes anglais.

Los Angeles. Voilà une caricature de cité conçue pour l'automobile. Une ville produite par une idéologie et qui en produit à son tour, par un effet parfaitement synergétique. C'est-à-dire bâtie selon des concepts d'efficacité, et, plus largement, de productivité, elle a relayé ces principes fondateurs en développant une vie urbaine corollaire, ultra-sectorisée, à l'opposé des valeurs d'intégration et de solidarité. Antisociale, comme on disait dans les années soixante-dix.

A Los Angeles, l'idée de « marcher un peu dans les rues » est totalement farfelue. De même que « faire un tour au centre ville ». La ville est grande comme un département français, elle est sillonnée de routes ultra-larges et d'autoroutes. Les rues ont plusieurs milliers de numéros. Bref, sans voiture tu es mort.

Les conséquences de ce tout-à-l'auto, variante en surface du tout-à-l'égout, sont dramatiques. Le « centre ville » n'existe pas : ce passage obligé, ce lieu de brassage des populations qui fait se côtoyer les gens de tous les horizons et a assuré, bon an, mal an, l'intégration de générations d'étrangers dans l'histoire des villes européennes.

Puisque la voiture le permet, le tissu urbain s'est distendu à l'extrême, éloignant les citadins les uns des autres (comparativement à la densité des cités du vieux continent), puis les groupes humains les uns des autres. Le rêve américain de mobilité sociale permanente est devenu un hochet dérisoire face à la réalité de ces frontières nouvelles.

A l'arrivée, l'idée généreuse d'une ville qui favorise la circulation et la confrontation des idées neuves, dont la vocation est le partage et le rassemblement, s'est dévoyée à la vitesse d'une Chevrolet décapotable filant vers les beaux quartiers, en un conglomérat de ghettos hostiles. Ou comment une forme de pensée propulsée sur quatre roues a transformé une ville qui rassemble en une ville qui sépare, et la confrontation en affrontement.

San Francisco : voilà une ville qui n'est pas faite pour le vélo. Je peux en témoigner. En bon cycliste urbain, je pensais qu'aucune ville ne réussirait à me faire mettre pied à terre. Surtout avec ce superbe VTT à 148 vitesses, prêté par un ami américain. Oui, mais voilà : à San Francisco, ils ont installé des cols pyrénéens du Tour de France en pleine ville. Aller acheter du pain trois blocs plus loin revient à franchir l'Obisque et le Tourmalet.

Alors j'ai posé pied à terre. J'ai eu beau prendre l'air dégagé du gars qui préfère finalement marcher un peu pour apprécier le paysage, les passants autochtones n'étaient pas dupes. Au pays des gagneurs, j'incarnais à merveille le loser européen.

Pourtant quelle belle ville (dans le sens de la descente) ! Mon plus beau souvenir cycliste reste sans doute le Golden Gate. Ce gigantesque pont rouge qui enjambe la baie comme un tremplin. Le traverser en voiture m'avait fait l'effet de rouler sur une autoroute, avec un vague décor maritime autour. Pédaler le long de la main courante, avec cette vue vertigineuse sur le Pacifique, m'a donné l'illusion de voler. Le même effet qu'à un DiCaprio euphorique debout sur la proue du *Titanic*, bras en croix, mimant l'envol d'un oiseau.

Mon iceberg à moi m'attendait au bout du pont, sous la forme d'une colline infranchissable à vélo. Mais, dans mon cas, seul l'orgueil du cycliste a été envoyé par le fond.

Pédaler sur les îles bretonnes donne en revanche l'impression de caboter. Une espèce de navigation côtière, sans mal de mer ni réel danger. Menton relevé, nez au vent, tour à tour contre la bourrasque ou avec son concours. Avec l'océan partout, nous est livré un petit bouquet de sensations maritimes, bien modeste au regard des fortes émotions de grandes courses au large, mais pour ma part, ayant l'estomac résolument terrien, je me contente de cet échantillon.

Surtout, l'impression dominante dès qu'on pose le pied sur une île, c'est l'« ailleurs ». On a quitté le monde. Même s'il n'est qu'à quelques encablures, même s'il est accessible à marée basse. L'île est ailleurs, par nature. Outre l'explication géostratégique, il me semble que la raison en vient d'une certaine absence qui nous frappe d'emblée. D'abord, on ne saurait la formuler, puis tout à coup, ça nous revient : aucun bruit de voiture ! Sur le continent, il y a à peine dix minutes, cette rumeur sourde, habituelle ne nous était pas présente. Et voilà que son absence nous paraît criante.

Les îles sont des survivances d'un temps que les moins de cent ans ne peuvent pas connaître. Le temps d'avant la voiture. Elles ont traversé les âges, îlots temporels, sans que jamais quatre pneus Michelin ne les marquent de leurs empreintes, comme des bêtes au fer rouge. Et quelque chose de cette virginité nous émeut.

Mon ami Jean-Louis me raconte ses vacances bretonnes. L'autoroute sous le soleil de plomb, les embouteillages, les stations-service, les tensions dans la voiture, ce sentiment d'être prisonnier, cloué au sol. Et puis, me dit-il, on s'est arrêtés, on a décroché les vélos à l'arrière de la voiture, et on a continué en pédalant.

Et là, ajoute-t-il, tu peux pas t'imaginer, c'était comme si j'étais sorti d'un scaphandre. On était légers ! Tout devenait simple : on tourne à gauche ? OK. On traverse ce village ? Bonne idée ! On s'arrête pour manger ? Génial ! Tu peux pas t'imaginer !

Si, je peux. En l'écoutant parler, j'avais l'image d'un ver à soie tout englué de ceintures de sécurité, puis d'un papillon, en short, à la terrasse d'un café, sirotant un diabolo-pollen.

Cette photo de Juppé à vélo... Il est entouré de ce qui doit probablement être son conseil municipal de la mairie de Bordeaux. Les conseillers municipaux sont aussi à vélo. Et la joyeuse troupe pédale, en costume-cravate, sous l'œil du photographe. C'est ce qu'on appelle de la communication. Il s'agissait sans doute de valoriser, par une image frappante, une quelconque mesure municipale en faveur du vélo. Pourquoi pas ?

Ce qui saute aux yeux sur cette photo, ce sont les sourires des pédaleurs. Le même sourire, en fait, largement fendu, et, on le devine, ponctué de regards de connivence auto-amusée, jetés à droite, à gauche. Il y a un poil de dérision dans ce sourire. Il dit en quelque sorte : « Nous avons conscience d'avoir l'air emprunté sur ces selles de vélo, nous qui sommes plutôt coutumiers des banquettes arrière de voitures officielles ; et en plus le costume trois pièces, c'est pas l'idéal pour pédaler. Et puis ce groupe de dignitaires communaux que nous formons, encore tout empesés de la théâtralité officielle d'un austère conseil municipal sous les ors de la République, et agitant tout à coup les genoux en tentant de maîtriser la trajectoire de la roue avant, ça vous a un petit côté saugrenu qui ne nous échappe pas. »

Mais il y a autre chose dans ce sourire. Il y a, sans vouloir forcer l'interprétation, comme un pétillement dans l'œil. Au beau milieu d'un protocole convenu, le vélo a offert à nos notables véliportés une trouée atmosphérique, un espace bleu entre les nuages. Pour être plus précis encore et avec le vocabulaire de l'enfance, nos conseillers municipaux amidonnés nous donnent le sentiment de « faire les fous ». Ils sont à deux doigts de se faire des queues de poissons, de rouler dans les flaques d'eau à fond la caisse, ou de faire du « sans-main » dans la descente (le premier qui touche le guidon a perdu !). Leur sourire finalement dit surtout : « On s'en paye une bonne tranche ! »

Le vélo est une ligne directe vers l'enfance. Quiconque

l'enfourche prend le risque de se retrouver sans transition aux confins de soi-même qui trépigne de ne plus coller ses crottes de nez sous la table ou de sauter à pieds joints dans les flaques. Il est toujours émouvant de constater que, même chez ces êtres responsables et dignes qu'on croyait à jamais perdus pour les activités ludiques à base de résidus nasaux sub-tabulaires, cette source d'enfance ne demande qu'à resurgir.

Le vélo, qui n'est pas bégueule, a su faire tomber sur ces épaules voûtées par l'exercice du pouvoir un instant de grâce. Dieu est grand, certes, mais le vélo est son prophète.

J'imagine l'agenda du maire de Bordeaux et ancien Premier ministre, Alain Juppé. 10 h : attribution du marché intercommunal de la distribution d'eau. 10 h 30 : rendez-vous avec le préfet sur les questions de sécurité urbaine. Et 11 h 30, avant le déjeuner au Conseil général de la Gironde : faire du vélo.

Au-delà de l'effet insolite que peut avoir cette simple ligne dans l'agenda ultra-protocolaire, j'imagine le côté totalement abstrait de cette injonction. Faire du vélo. Ou traire une autruche, pourquoi pas, si la pédagogie municipale l'exige. Son conseiller en communication lui a précisé la stratégie. Très bien, bonne idée. Les journalistes seront là. Parfait. Si ça se trouve même, il a ponctué tout ça d'un « ça nous dégourdira les jambes » toujours bienvenu, et sa femme l'a complété du traditionnel « ça peut pas te faire de mal » en tapotant son petit ventre naissant.

Bref, hormis ces derniers apartés conjugaux, jusqu'à présent tout se situe dans le cadre cohérent et formel d'une vie de haut magistrat de la République. A aucun moment Juppé n'a pu se douter de la faille spatio-temporelle qu'abritait son agenda ; vendu dans son emballage stratégico-médiatique, le colis « faire du vélo » se révélera piégé. Oh, faiblement piégé. On se situe là au niveau du pétard siffleur sur l'échelle de l'attentat terroriste. Et puis encore faut-il que le maire de Bordeaux ait vécu le petit exercice vélocipède qui s'ensuivit conformément à nos spéculations.

Quoique, en fait, peu importe. Nous ne l'avons convoqué que pour illustrer notre axiome : « Faire du vélo ne peut pas être envisagé comme une activité neutre. » Et ne peut d'ailleurs pas être envisagé du tout par le non-pratiquant. « Faire du vélo », sur un agenda, est un concept abstrait. Une fois sur le vélo, ce n'est plus du concept. C'est du ressenti.

C'est comme pénétrer dans l'eau pour y nager. On peut deviser de manière parfaitement désincarnée avant d'y plonger, évoquer son faible degré ou la puissance des vagues, etc. On reste dans l'abstraction. Mais on est toujours surpris quand le corps tout entier est happé par l'élément liquide, saisi par le froid, chahuté par les flots, transformé en pure sensation. Notre état intérieur a changé du tout au tout. Et nos atermoiements tantôt sur la plage nous semblent soudain vides de sens. « Tais-toi et plonge ! » nous lançons-nous à nous-même, rétrospectivement.

Le vélo provoque ce même changement d'état qu'on ne peut appréhender si l'on reste les deux pieds cloués au sol. Le cyclisme, c'est de la natation dans l'espace.

Ce détour par les palais de la République nous suggère une mesure simple et peu coûteuse, qui pourrait changer le cours politique ou diplomatique de bien des situations.

Nous, auteur du présent traité de vélosophie, proposons officiellement aux Etats du monde entier qu'obligation soit faite aux dirigeants de tous niveaux d'effectuer, de manière formelle et conformément à des dispositions constitutionnelles intangibles, un petit tour à vélo avant chaque prise de décision. Nous avons de sérieuses raisons de penser que la teneur de ces décisions pourrait s'en trouver modifiée dans le sens d'une plus grande justesse, alliée à la légèreté d'esprit requise (paradoxalement) plus la situation est grave ; autant d'effets avérés du pédalage sur la pensée humaine.

Article 1 : le chef d'Etat, aux prises avec une situation inextricable et contradictoire, devra recueillir toutes les informations, analyses techniques et politiques qui lui sont proposées SANS JAMAIS chercher à se faire une opinion.

Article 2 : le chef d'Etat se fera ensuite conduire sous bonne escorte, entre deux haies de gardes républicains aux bottes lustrées, jusqu'au garage à vélo.

Article 3 : le vélo qui l'attend ne sera pas un fringant coursier à 21 vitesses, mais une bicyclette type « curé de campagne », avec, pourquoi pas ? un panier de goûter sur le porte-bagages (chocos BN et grenadine) pour contribuer à un climat psychologique apaisant. Annexe : prévoir aussi les pinces à vélo et un système de pinces à linge pour éviter que la redingote ne se prenne dans les rayons.

Article 4 : Le chef d'Etat sera ensuite livré à lui-même sur un petit sentier (senteur noisette). Afin de doper l'atmosphère bucolique, on peut imaginer un lâcher de papillons sur son trajet par des commandos embusqués, en tenue de camouflage. Et si l'un des soldats est doué pour l'imitation des oiseaux, qu'il ne se gêne pas pour se fendre d'une trille modulée de fauvette des jardins.

Article 5 : Le chef d'Etat est alors légalement tenu de se laisser envahir par ces vagues de sensations, complétées par le doux bercement du pédalage. Il ne doit EN AUCUN CAS échafauder de solution à un problème qu'il doit au contraire laisser se dissoudre dans l'air printanier (un système ingénieux de soufflerie palliant le cas échéant un déficit printanier).

Article 6 : Et c'est à ce moment, et à ce moment seulement, que la magie vélosophique pourra opérer. Car, peu à peu libéré de l'étreinte oppressante d'une décision à prendre (urgence, lourde responsabilité, réactions affectives incontrôlées, influences extérieures...), désenclavé d'un contexte sans issues par le déplacement dans l'espace (extérieur mais aussi répétons-le, intérieur), rendu disponible aux sensations environnantes, l'esprit du chef d'Etat s'est, par le même mouvement imperceptible du dedans vers le dehors, rendu disponible aussi pour la solution.

La solution dans toute sa miraculeuse justesse, maintenue jusque-là à distance prudente par tout un jeu de tensions électriques rédhibitoires, a tout à coup trouvé l'ouverture.

Article 7 : Le chef d'Etat peut maintenant descendre de vélo. Il ne le sait pas encore, mais la solution est là. Elle va lui tomber dessus, au moment où il boucle son antivol.

Il n'est pas sûr que les Etats du monde adoptent cette procédure. Nous restons pourtant convaincus que si les conseils des ministres ou les assemblées générales de l'Onu se déroulaient à vélo, plus d'une décision catastrophique pourrait être évitée, d'un simple coup de guidon.

En fait, ce protocole s'adresse, gardes républicains en moins, à chacun de nous. Les décisions que nous avons à prendre, si elles n'influencent pas la marche du monde (quoique...), sont malgré tout douloureuses et complexes. Pourquoi ne pas leur appliquer un détour vélothérapeutique ? Un petit tour à vélo n'est pas la plus pénible des prescriptions.

Bien sûr cette idée d'une solution qui tomberait du ciel peut au mieux faire sourire, au pire attirer les quolibets antimystiques. Pourtant, sous des dehors il est vrai vaguement ésotériques, ce processus a des résonances parfaitement rationnelles, que ne renierait peut-être pas le bon docteur Freud (grand rationaliste devant l'éternel). Freud, à ses débuts, pratiquait l'hypnose avec un pendule, pour avoir accès à l'inconscient de ses patients. Car une somme d'interdits et d'émotions castratrices obscurcissent le champ de la conscience, et empêchent les souvenirs fondateurs d'émerger. L'hypnose permet de les neutraliser, afin que le magma inconscient puisse venir en surface. (Grossièrement résumé.)

La cure de vélothérapie ne fonctionne pas autrement, avec le va-et-vient hypnotique des genoux. Une certaine forme d'agitation mentale obscurcissante finit par s'endormir, se dissoudre, pour laisser affleurer une qualité d'être plus fraîche (jusque-là recouverte d'émotions poisseuses) et maintenant remontée à l'air libre, libre aussi elle-même d'accueillir toutes les intuitions.

La recherche forcenée de l'idée, ou de la solution, bien souvent ne fait que l'éloigner. Notre plus grand pouvoir (et le seul !) est de créer les conditions d'accueil. Et la selle de vélo est un bon réceptacle. L'idée finira bien par s'y poser, comme le papillon attiré par le pollen.

Picasso disait : « Je ne cherche pas, je trouve. »

Et le vélo d'appartement ? Peut-on en attendre les mêmes effets bénéfiques ? Le vélo d'appartement est aussi excitant qu'un cheval mort, les quatre pattes coupées. Si cette carcasse de bicyclette ferrée au sol avait des yeux, ce serait ceux d'un aigle déplumé dans un zoo de province. Pratiquer le vélo d'appartement, c'est faire du surf dans un jacuzzi.

Je passe sur le contresens de la pratique intérieure et

immobile du vélo, qui saute aux yeux de tous, étant entendu que le bain de jouvence émotionnel ne pourra avoir lieu, remplacé qu'il est par une médiocre douchette suintant d'un pommeau chiche.

Et cette manière d'éviter les pertes de temps en expédiant l'exercice à proximité, c'est aussi oublier que, dans le processus de décontamination mental, un sas est nécessaire. Aller vers le vélo, laisser naître en soi le désir de vélo, l'amener par le guidon jusqu'au point de départ, en lui flattant l'encolure. Tout ça, c'est déjà du vélo. (Les préliminaires sont déjà de l'amour.) Et au retour, s'éloigner du vélo pour retrouver ses activités, en portant encore en soi le vélo, c'est toujours du vélo. Comme on dit que le silence qui succède à Mozart est aussi du Mozart.

Qu'on le pratique ou non, le vélo a une bonne image de marque. Comme disent les communicants, il est porteur, dans l'opinion, d'un fort capital de sympathie. Un peu comme Brassens. Voilà probablement encore un parallèle incongru, une collision conceptuelle comme souvent la recherche vélosophique nous conduit à en provoquer. Mais nous persistons : tout le monde aime, plus ou moins, Georges Brassens et le vélo ; et globalement de la même façon. Les deux dégagent une impression de bonhomie pateline qui suscite l'amitié. Ils n'ont pas d'ennemis farouches. Ils font partie d'un décor rassurant, ils alimentent une imagerie paisible de la France éternelle, vaguement désuète.

Le côté « terrien » de la poésie du grand Georges, ses rimes chantournées s'accordent avec la frivolité de deux bicyclettes couchées dans le foin, ou l'austérité d'un vélo de curé de campagne. Même si on n'a jamais vu Georges Brassens sur un deux-roues, je gage que dans ses chansons, on y pratique la bicyclette, avec Paulette, comme chez Montand, alors que chez Renaud, c'est plutôt la mobylette (et chez Sardou la Renault 12 Gordini).

Brassens et le vélo, c'est une certaine idée de la liberté, une forme de rébellion tranquille, une façon d'être, un peu à côté des choses, et de prendre son temps. De ne faire de mal à personne, en suivant son chemin de petit bonhomme (mais les braves gens n'aiment pas que l'on prenne une autre autoroute qu'eux). D'ailleurs, dans les vers qui suivent, on sent bien tout le ressentiment du poète à l'encontre de la pratique automobile : « Quand j'offris pour étrennes une bicyclette à Marinette / la belle, la traîtresse avait acheté une auto... »

Et puis le rythme binaire des mélodies (qu'en langage musical on appelle des « pompes ») renvoie au mouvement alterné des genoux, gauche-droite, pour faire tourner le plateau ; le plateau de phonographe en l'occurrence, car c'est souvent des couplets de l'ami Georges qui me viennent aux lèvres quand je pédale. « Malgré la bise qui mord / la pauvre vieille de somme / va ramasser du bois mort... » La rythmique hachée de ces vers m'a toujours aidé à franchir les côtes les plus raides, merveilleusement adaptés qu'ils étaient à ma respiration hoquetante (et par temps froid, quel bel à-propos !).

Mais surtout, Brassens reste pour moi indéfectiblement lié à une certaine idée de Paris. « Dans un coin pourri / du pauvre Paris / sur une place / L'était un bistrot / tenu par un gros / dégueulasse. » Un vieux Paris de Prévert et Doisneau (cliché !), que je réinvente en cahotant à vélo sur les pavés des vieilles rues, un air de Brassens en tête.

Dans mon cinéma sur roues, Carné filme, Michel Simon joue, et Brassens fait la bande-son. C'est du noir et blanc, bien sûr.

En divaguant un jour vers les confins du sud parisien méconnu (par moi), loin de mes terres montmartroises, j'ai eu un coup au cœur. Cherchant à rallier la monstrueuse tour Montparnasse par une nouvelle voie inconnue des hommes, tel un Vasco de Gama urbain, j'avais abandonné tout espoir d'être à l'heure à mon rendez-vous, perdu dans les méandres erratiques du 14ᵉ.

Nez au vent, attitude caractéristique de celui dont la journée n'a pas de but, ou qui a fait son deuil du besoin qu'elle en ait un (c'était mon cas), j'ai eu l'œil soudain attiré par une plaque de rue. Impasse Florimont. Aussitôt s'est imposée à moi la photo d'un Brassens jeune, moustache noire sous le nez et guitare sous le bras, arpentant le pavé de, justement, l'impasse Florimont. Georges, mon ami Georges, avait vécu là ses folles années parisiennes, dans une petite maison sans eau courante, dans ce coin pourri du pauvre Paris.

Au lieu d'honorer un rendez-vous professionnel en adulte responsable, j'étais là, bras ballants, à quasi sangloter comme un gamin, jeté sans transition dans l'univers d'un vieux bougon en pantalon de velours côtelé qui avait toujours été là dans les moments les plus durs de ma vie, avec sa pipe et ses mots comme une tape sur l'épaule.

Je n'étais pas préparé à cette rencontre. La bicyclette et sa faculté de créer le vide mental m'avait jeté en pâture à l'un de ces petits moments de frisson, d'autant plus déstabilisants qu'ils sont impromptus. Si le but avoué de ma promenade avait été un pèlerinage chez Brassens, j'aurais eu tout loisir de me préparer au choc émotionnel et de l'amoindrir considérablement, jusqu'à rendre l'électrocardiogramme aussi plat que pour la visite empesée et convenue d'un musée. Au lieu de ça, mon verrou personnel anti-émotion avait été crocheté par le plus grand des gentlemen-cambrioleurs : le hasard, et son pied-de-biche vélocipédique.

Debout devant la porte fermée de cette maison de l'impasse Florimont, si vide et si pleine, avec mon p'tit vélo, j'avais l'air d'un con, ma mère. Avec mon p'tit vélo, j'avais l'air d'un con.

En écho aux stances funèbres de l'ami Brassens sur la plage de Sète, puis-je lancer une supplique pour être enterré à vélo ? Il me semble que quatre vélos noirs, conduits par quatre amis (mais en ai-je autant ? ?) une main sur le guidon et l'autre calant mon cercueil sur l'épaule, n'auraient pas moins d'allure qu'un catafalque couvert de violet vulgaire et de flammes d'argent toc, tiré par quatre chevaux dont l'affliction, qu'on me pardonne cette susceptibilité post-mortem, ne serait pas vraiment sincère...

Mes quatre vélos noirs (un peu de crêpe au guidon SVP) auraient de toute façon bien plus de classe que ces corbillards rutilants, ces genres de Renault-Espace peints en noir, et tous sièges arrière rabattus pour permettre au défunt de conserver sa posture allongée ; mais j'ai toujours l'impression qu'ensuite on les redressera pour partir à la plage avec les enfants, radio à fond, sans même un regard dans le rétroviseur pour le gros pâté de sable sous lequel je serai allongé, probablement boudant.

Non, c'est décidé, j'opte pour les vélo-funérailles. Accordez-moi ce plaisir posthume : les voitures, sur mon dernier trajet, pileront net, quand bien même seraient-elles prioritaires à droite, dans un total et muet respect que de mon vivant je n'aurais su obtenir, pétrifiées par le spectacle de la mort qui passe (même dans sa version cycliste, un poil plus décontractée). Que mon quatuor de fidèles active d'ailleurs au passage la sonnette métallique d'un pouce joyeux pour conférer à ce spectacle une note guillerette.

Enfin, ce sont précisément mes quatre compagnons qui m'offriront, qu'ils me pardonnent, un autre plaisir posthume.

Connaissant la difficulté, je les imagine conduire le vélo d'une main, avec en plus sur l'épaule un cercueil habité (même en titane), et je me réjouis d'avance de la petite angoisse parcourant l'assistance : Tomberont-ils ? Tomberont-ils pas ? Evidemment, j'aurais stipulé, par disposition testamentaire, que le parcours vers le cimetière de Montmartre emprunterait la vertigineuse descente Caulaincourt, s'il vous plaît, une dernière fois, c'est mon plaisir.

Dès lors, je pense inévitable que la main crispée sur le frein d'au moins un de mes amis, un peu d'émotion aidant (j'en serais touché), ne provoque une chute généralisée sans gravité j'espère (mon goût de la cocasserie n'irait pas jusqu'à ce qu'un de mes funèbres assesseurs me rejoigne là-haut dans un excessif élan de ferveur amicale). J'aimerais juste que le couvercle saute au contact du sol, et que je fasse un dernier et sinistre « coucou » à une assistance mortifiée, dont seuls les vrais amis et ma veuve sauront qu'il est conforme à mon penchant immodéré pour l'humour noir et à mes dernières volontés occultes. En guise de viatique, une ultime dérision. J'aimerais que les quelques rires isolés dans la foule consternée me permettent de reconnaître les miens avant de définitivement partir en fumée.

Pour me faire pardonner de mes amis, j'ai prévu un retour plus facile. Néanmoins, qu'ils sachent que le petit tas de cendres continuera de rigoler au fond des sacoches.

Il me semble qu'un inconnu pédalant vers nous, puis descendant de bicyclette pour se présenter, bénéficiera d'un a priori très favorable. On n'envisage pas qu'il soit une grosse brute assoiffée de sang, même s'il est doté d'une carrure imposante. Ça ne cadre pas avec le vélo, ça n'est pas « raccord ».

Dans la première fraction de seconde de la rencontre avec

un inconnu, l'ensemble des paramètres affectifs qui opèrent à notre insu (des plus élémentaires — physique, vêtements... — aux plus subtils — langage, odeur...) confèrent inconsciemment à l'information « individu cycliste » une valeur positive (bonhomie, apaisement, joie de vivre..., éventuellement aussi ringardise...). Notre partie animale qui, n'en déplaise à notre partie cultivée, hérisse le poil à la vue de l'inconnu, s'en trouve par là même rassurée. Et peut s'en retourner dormir en rond sur sa couche. Pas de danger, c'est un gars à vélo. Dans ce décodage gros-grain de la réalité sociale, la bicyclette est antinomique de l'idée de violence.

Le vélo, comme le dauphin, a derrière lui une ancienne réputation de pacifisme que certains praticiens excités du VTT, terreurs des chemins de randonnées pédestres, n'ont pas encore réussi à écorner (*Les Dents de la mer* n'ont pas non plus entamé notre sympathie pour Flipper).

L'expression, dans les journaux, de « tueur à la moto » nous glace les sangs, alors que l'hypothèse d'un « tueur à vélo » nous ferait plutôt rigoler doucement ; gageons même que l'assassin-cycliste bénéficierait de toute l'indulgence du jury quand son voisin de box, le motard-killer, écoperait peut-être de vingt ans pour le même crime. Eh oui, c'est comme ça, dans notre inconscient collectif, le vélo est une circonstance atténuante.

Cette estampille pacifiste accordée d'emblée, le fumeur de pipe en bénéficie lui aussi. Le fumeur de pipe ne provoque pas de bagarre dans les bals. Les dictateurs sud-américains avec des lunettes noires qui font torturer dans les caves ne fument pas la pipe en regardant défiler leur armée. Le fumeur de pipe, c'est la bonté personnifiée. C'est Brassens. (Alors que le cigare, c'est plutôt l'arrogance, c'est ainsi, notre ami l'inconscient ne fait pas dans la nuance.)

Pour en finir avec les analogies à l'emporte-pièce, citons aussi l'image typiquement non violente d'un homme avec un bébé dans les bras. Impossible de lui prêter la moindre intention belliqueuse, comme si l'innocence de son bébé s'était transmise (et d'une certaine façon, c'est ce qui s'est passé, nous le ressentons bien).

Tout comme les vertus apaisantes du vélo sont censées avoir infusé par la selle, être remontées par la moelle épinière jusqu'à l'âme du cycliste (et de la même façon, c'est vrai aussi).

La sympathie qu'inspire le vélo vient aussi du fait qu'aucune invasion guerrière ne s'est faite à bicyclette. Ce n'est pas le cas du char d'assaut, qui, sans vouloir être désagréable, traîne une sale réputation derrière lui. En termes de communication, si les Russes étaient venus rétablir l'ordre en Hongrie et en Tchécoslovaquie sur de simples bicyclettes en sifflotant, l'effet aurait été moins désastreux. Et cette armée soviétique qui pédale joyeusement sur la route de Prague, avec un panier et du goûter sur le porte-bagages aurait même gagné la sympathie des populations locales courant sur le bord de la route pour les asperger, à la façon des spectateurs du Tour de France.

Allons plus loin et considérons la déplorable image de marque (qui persiste plus de soixante ans plus tard !) des Panzer-divisions déferlant sur l'Europe. Par goût du jeu, remplaçons un instant cette horde de chars nazis par une troupe de cyclistes fumant la pipe et klaxonnant gaiement de la sonnette (driiing driiing) d'un air faussement impatient pour qu'on leur ouvre les frontières de la Pologne. (De même, autre stratégie de communication — plus difficile à mettre en place —, si les soldats allemands s'étaient présentés à toutes les frontières avec des bébés dans les bras — les fameuses landau-divisions.) La face du monde eût été changée. Plus de guerre, plus de combats, plus de morts.

Quelle naïveté ! m'objectera-t-on. C'est laisser la porte ouverte à la barbarie nazie, sans combattre, et le résultat serait pire. Attendez : le piège se referme. Car dès lors que le haut commandement de l'armée allemande aurait accepté le principe d'une invasion de l'Europe à vélo pour s'assurer une image de marque positive dans l'opinion mondiale (par calcul, donc), le miraculeux travail de sape pacifiste du vélo se serait mis à l'œuvre. Gagné par l'apaisement hypnotique du pédalage, comme endormis dans leurs pulsions guerrières, notre sympathique Wehrmacht aurait tôt fait de se débander, décidant tout de go, de-ci, de-là, de pique-niquer sous les arbres plutôt que d'égorger quelques civils, gagnée par un je-ne-sais-quoi de printanier dans l'air et la soudaine certitude qu'il n'y a vraiment pas de quoi s'énerver, on n'est pas bien au bord de la rivière, chef ?

Quant aux plus endurcis qui décideraient malgré tout de mener à son terme leur mission destructrice, avec 200 kilomètres à vélo dans les jambes, je les mets au défi d'avoir encore le cœur à massacrer.

Je le concède : convaincre l'état-major nazi de remplacer les chars par des vélos n'aurait peut-être pas été aussi facile que je le laisse entendre. Effectivement. J'imagine bien un Goebbels insinuer avec perfidie qu'un tank possède un blindage, ce qui est un gros avantage, entre autres, sur le vélo (et je l'imagine bien ironiser en répétant « entre autres », un ton au-dessus, le soulignant de sa schlague à la verticale).

Alors, je me fais fort de lui démontrer, d'une voix posée

et claire qui tout à coup magnétise l'assistance militaire que tout cela n'est qu'illusion. Que la recherche de la protection à tout prix par des moyens matériels est un leurre. Que vouloir se protéger est même contraire à la sécurité. « Plus tu te protèges, plus tu es en danger », m'entends-je dire dans un silence glacé qui traduit bien la faiblesse d'un régime fondé sur la paranoïa, la peur de l'autre et finalement (son expression erronée) la haine.

Sentant mon auditoire vaciller, je poursuis en assenant que la solution est plutôt dans l'abandon, le dépouillement, précisément incarnés par le vélo. Le cycliste s'offre à l'instant présent, aux aléas. Il accepte, sans protection, de faire corps avec l'obstacle, qui donc disparaît. Au lieu du blindage qui pénètre dans le réel par effraction, levant devant lui des obstacles à hauteur de la violation.

C'est pourquoi, conclus-je, une armée de panzers attirera sur elle la mort et la défaite, et une armée de cyclistes les colliers de fleurs des vahinés. Mes derniers mots sont salués par une ovation et un envol de casquettes vert-de-gris. Voilà comment j'aurais vaincu le IIIe Reich, à mains nues. Enfin, avec juste une paire de mitaines.

Comment ai-je pu, moi, tout boursouflé de l'orgueil d'être à l'abri de l'esprit de compétition, juché sur ma selle comme réfugié dans une ambassade de la Tolérance, comment ai-je pu me sentir piqué au vif par ce jeune coq qui m'a doublé dans un souffle sur son VTT flambant neuf, l'air de dire (m'a-t-il semblé) : « Alors pépé, on compte les cailloux ? »

Comment ai-je pu céder à l'envie de lui rabattre son jeune caquet en le dépassant à mon tour, ravi à l'avance de lire la stupéfaction sur son visage, lui qui me croyait au mieux versé dans le bas-côté par son déplacement d'air collatéral, rampant de sous mon antique bécane pour m'en extraire dans un gémissement cacochyme de dépit, alors que non, je suis là en train de tout bonnement l'atomiser sur place, petit con, au terme d'une remontée fulgurante qui me propulse instantanément du statut de papy souffreteux à celui de pilote de vélo furtif, et je t'emmerde.

Mais surtout (surtout !), comment ai-je pu NE PAS réussir à le rattraper ? Comment ai-je dû renoncer à lui infliger cette sévère leçon de respect des grands anciens et le laisser filer là-bas au coin de la rue, lui, inconscient probablement du double camouflet infligé et donc n'en jouissant même pas, et moi les deux pieds au sol bien écartés, la tête dans le guidon, rougeoyante tout à la fois de l'effort consenti inutilement, du dépit afférent et de la honte ultime d'avoir foulé aux pieds (aux roues) tous les principes fondateurs de la vélosophie. J'avais succombé au côté obscur de la Force.

Enfourchant mon vélo (car quand on chute de cheval ou dans sa propre estime, il faut tout de suite se remettre en selle), une partie de moi remerciait le jeune coq de m'avoir fait progresser dans la connaissance de moi-même ; une autre partie (démasquée à cette occasion) ruminait à son endroit un jugement moins nuancé. (Petit con !)

Que penser du VTT ? J'avoue mon embarras. Indéniablement, c'est un véhicule classé dans la catégorie « bicyclette ». Il n'empêche, quand j'en vois un, avec son design tape-à-l'œil et ses gros pneus agressifs, je ne peux pas m'empêcher de penser qu'un vélo a dû coucher avec une mobylette. Même s'il tient plus de son père.

Rien à faire : le VTT, même au repos, ne dégage pas une impression de calme et de sérénité. Même posé contre un mur, le VTT a toujours l'air de piaffer. Dans notre système de décodage émotionnel automatique, un inconnu qui viendrait vers nous en VTT serait plutôt qualifié de « gars énergique », le genre qui sait ce qu'il veut, pas d'hésitation, hop, on fonce, le type sain qui boit du lait, esprit sport, mais un peu trop, comme dans les pubs où une jeunesse aux dents blanches pète excessivement la santé. Rien d'insupportable, mais la vélosophie qui le sous-tend n'est déjà plus la même.

J'avoue avoir pris beaucoup de plaisir à pratiquer le VTT dans les sous-bois ou sur des chemins de montagne. Il y avait dans le tressautement du guidon sur un sentier virtuel qui se dérobait en tous sens comme une excitation de jeu vidéo. L'esprit suractivé, en alerte maximum, doit prendre tout un tas de décisions ultra-rapides (cette bosse plutôt que celle-là, attention ce creux en cache un autre) sinon c'est le fossé, zéro point, et il me reste que trois vies.

Même s'il est réel, le plaisir n'est plus de la même substance : c'est une excitation maximale de tous les sens (très gratifiante) mais on a quitté l'espace vélosophique flottant.

Quant au contact avec la nature, là aussi on est plus dans la lutte que dans la fusion. En VTT, la forêt est un défi auquel on se mesure. Il réveille ce désir de puissance qui habite les nobles pionniers mais aussi les vendeurs de photocopieurs. L'esprit de concurrence, un peu aussi, car dans un groupe il y a le casse-cou fort en gueule que rien n'arrête et qui attend les autres en bas des pistes en se limant les ongles, et le timoré de service, éternel retardataire (celui-là on l'emmène pas la prochaine fois).

L'esprit vélo exclut, lui, la notion de compétition (dans un monde économique où elle est le seul moteur, il propose la roue libre). L'esprit vélo dans son rapport avec la nature c'est la recherche tranquille de cette fraction d'éternité où machine, homme et environnement ne font plus qu'un ; ce petit orgasme cosmique, cette fiction (à cet instant infiniment réelle) que nous faisons partie d'un grand ensemble vivant.

Cette trouée dans le continuum d'une vie terrestre désunie, les nageurs au long cours, les marcheurs en montagne la connaissent bien. Les vendeurs de photocopieurs en sont exclus, comme de simples loulous de banlieues à la porte des Bains-Douches.

Les adeptes du VTT, je ne sais pas. Je les vois bien dans une espèce de purgatoire, capables à tout moment de choisir l'espace bleu entre les nuages comme de sombrer dans le côté obscur de la force.

Le vélo exclut la compétition. Nous parlons bien évidemment d'une pratique urbaine du vélo (urbaine d'ailleurs dans le sens étymologique du terme : courtois, civil). Il ne s'agit évidemment pas du Tour de France. Effleurons malgré tout le sujet. C'est entendu, l'esprit de compétition, le sport en général ne sont pas condamnables en soi. Bien au contraire, il y a dans le dépassement de ses propres limites grâce à la rivalité sportive (quand l'éthique du sport est respectée) une certaine forme de noblesse et une forme certaine d'accomplissement personnel. Applaudissons des deux mains, ne retenons pas notre larme à l'œil devant ce vibrant spectacle d'une humanité élargissant sans cesse un cadre physique et mental étroit par la grâce de l'effort et la beauté du geste (définition lyrique du sport).

Oui, mais voilà. Sous couleur de progrès (encore !), nos coureurs cyclistes se sont retrouvés porteurs de valeurs moins humaines que cotées en bourse, et acculés à l'exploit, c'est-à-dire à l'intraveineuse suspecte. Le sport, de vecteur d'épanouissement est devenu instrument d'autodestruction à la suite d'une espèce de « bug » idéologique de l'an 2000. Le cyclisme professionnel (et son espérance de vie racornie à coups de dopants) pourrait être le sinistre précurseur d'une société dont le grand Moloch économique dévore ses enfants pour alimenter le brasier d'une machine devenue folle.

Si l'on considère le sport comme une métaphore sociale, le téléspectateur des ultimes Tours de France du siècle dernier a pu voir comme dans une boule de cristal cathodique le sort funeste qui lui était réservé, anonyme du peloton humain épuisé à la tâche puis ramassé un jour par la voiture-balai.

C'est sur un vélo que mon enfant, mon fils, la chair de ma chair, ce morceau d'étoile tombé sur Terre, a gagné ses lettres de noblesse. Et mon respect à tout jamais. Il n'avait pas encore six mois de vie au compteur. Jusque-là, je pressentais un être exceptionnel. Ce jour-là, j'en ai eu la certitude.

Or donc, mon fils, ce petit bout de chair vivante et d'amour pur mélangés, faisait son baptême de vélo, les petites fesses calées dans un siège pour enfant fixé sur la barre, derrière le guidon, les deux pieds minuscules sanglés dans leurs étriers. Position stratégique inouïe, car elle lui donne un point de vue imprenable sur le grand extérieur du monde à hauteur d'homme, en même temps que l'illusion que c'est lui qui conduit.

Et puis, pour le père, quel bonheur de sentir l'enfant, proche de son ventre, comme enceint, avec cette faculté en plus par rapport à la mère porteuse de voir papillonner la joviale frimousse du fœtus éclos, de se pencher à son oreille, et de voir avec ses yeux. Dans cet équipage, nos deux regards n'en font plus qu'un, et c'est la fraîcheur du sien qui lave le mien, c'est son œil qui nous guide (dès lors, c'est lui qui conduit, il avait raison, le bougre !).

Tout baignait donc dans une espèce de bonheur amniotique quand le ciel s'est mis de la partie. Je veux dire la pluie. Or nous étions loin de nos bases, lancés à la conquête de Paris avec l'enthousiasme de la jeunesse, mais aussi son insouciance (on avait un an à nous deux !). Paris était conquis, et nous attaquions les faubourgs d'Ivry-sur-Seine à belles dents (les 48 de mon double-plateau), quand les premières grosses gouttes churent sans ménagement sur nos épaules, donnant le signal du retour dans la conscience du plus grand de nous deux, soudain ramené a ce sens des responsabilités qui est (soi-disant) l'apanage de l'âge.

Mais c'étaient des trombes d'eau. Une hérésie pour un jeune bébé que toute cette eau froide tombée d'on ne sait où (et pourquoi ?), lui tout fraîchement sorti de la surprotection placentaire puis appartementale à température constante. J'osais à peine jeter un œil sous la capuche dégoulinante de mon petit, tout en redoublant d'ardeur au pédalage. Le silence en provenance de la niche supérieure de l'anorak destinée à protéger la tête des intempéries me semblait lourd de reproches.

Quand je le fis, enfin, au feu rouge, tenaillé par l'angoisse, je découvris dans l'écrin encapuchonné une petite bouille humide, les deux coins de lèvres un peu tombants, l'œil au bord des larmes mais plein du courage de l'enfant qui traverse une cave toute noire en sifflotant pour ne rien montrer de sa peur. Le courage infiniment attendrissant d'un bonhomme de six mois, fétu de paille au cœur d'un déluge incompréhensible, les deux petits poings serrant le guidon de toutes leurs petites forces.

Ce regard me disait : « Ne vous inquiétez pas, père, j'ai un peu les jetons, c'est vrai, il se passe des trucs assez bizarres, j'arrive pas à tout saisir, mais je sens que ce n'est pas le moment d'en rajouter. Je sais que vous essayez de nous sortir de là avec beaucoup de bonne volonté, ça n'a pas l'air commode, ne vous occupez pas de moi, je ne voudrais pas être un poids, concentrez-vous sur la conduite. De mon côté je m'arrange avec la terreur naissante dont l'état de mes couches témoignera à l'arrivée — si nous arrivons. Mais j'ai confiance en vous. Profondément, père. Vous ne m'avez jamais déçu. Allez. Courage. »

Et là, c'est comme s'il m'avait tapoté la main avant d'orienter à nouveau son regard face aux embruns. Digne. Et le feu est passé au vert.

Et je l'ai ramené chez nous. Trempé jusqu'à l'os (sa couche n'était plus qu'une bouillie saumâtre, et ses chaussures deux petits pédiluves), il prit un bain mille fois mérité et chaud cette fois, reprenant ses jouets familiers où il les avait laissés, comme si l'apocalypse n'avait pas eu lieu.

Mon fils, si tu lis ces lignes, de ce jour je t'ai aimé comme jamais je n'ai aimé (sauf peut-être ta mère, faut que je fasse gaffe, car elle, c'est sûr, elle va lire ces lignes) (et ta grande sœur aussi, houlala, d'accord).

S'il t'arrive de croiser sur le chemin de ta vie de graves difficultés, je te ferai confiance, à mon tour. J'aurai toujours de toi l'image d'un petit homme de huit kilos aux joues mouillées et lèvres tremblantes, mais toisant l'adversité avec une infinie dignité.

Deux amoureux à vélo qui se tiennent la main. Ils roulent de front et chantent de concert. Ils occupent donc une grande partie de la chaussée, mais ils s'aiment et, plus que la chaussée, c'est le monde qui leur appartient. Une voiture les suit, dans cette rue étroite, ralentie par cet attelage amoureux. Que pensez-vous que fasse le chauffeur impatient ? Il klaxonne, bien sûr, comme il le fait indistinctement derrière un camion-poubelles ou tout autre engin encombrant. Le coup de klaxon est le seul langage dont ait été doté son véhicule ; c'est d'ailleurs bien suffisant pour exprimer toute la subtilité du message, qui sous sa forme verbale articulée donnerait ceci : « Dégage ! »

Il klaxonne jusqu'à ce que se détachent les deux mains unies, se brisent les deux voix entrelacées, et jusqu'à ce que ce couple illégitime explose en deux trajectoires sinusoïdales pour se mettre en une sage file indienne. Il peut ainsi doubler les deux alignés sans même un regard. Il n'aurait pas dû. Quelque chose vient de se rompre dans l'équilibre subtil des choses de l'indicible. Cet ensemble harmonieux que formaient deux êtres pédalant bouche en chœur était une source de jouvence mobile, comme le sont toujours ceux qui s'aiment, une fuite radioactive dont les radiations vous décontaminent, au contraire, de la violence du monde.

Le coup de klaxon a fendillé le chromo, fissuré le miroir jusqu'à l'éclatement. C'est-à-dire que, au lieu de lever le pied un moment et donc de recueillir fortuitement au cœur de son agitation mentale un peu de ce rayonnement apaisant, le chauffard a choisi de briser l'icône, d'abolir le charme. De replonger tête baissée, pied sur le champignon, dans le morcellement du monde.

En séparant ces deux mains, il a interrompu un instant une chaîne invisible qui fait le tour de la planète. Oh, elle se reformera derrière lui. Mais il a perdu l'occasion que lui donnait ce voisinage impromptu d'en être un maillon occasionnel et joyeux.

Sur le boulevard Saint-Germain, les voitures sont bloquées. Le feu est pourtant vert. Etrange bruit de cavalcade. Je remonte la file pour tomber sur le passage de gardes républicains à cheval. Je profite de l'impunité généralement accordée aux vélos pour rouler un moment à leurs côtés. De concert, le claquement sec des sabots sur le bitume et le glissement du caoutchouc de mes roues. Le trot léger des chevaux et le piston alternatif de mes genoux. Le maintien hiératique des cavaliers et ma pose vaguement avachie sur la selle. J'ai le temps de comparer.

Et pour la première fois, j'ai la sensation qu'en matière de dignité des modes de transport le vélo a trouvé son maître

C'est le cheval. Incontestablement. Moi qui raillais la posture infamante de l'automobiliste racrapauté, je découvre que, mis en concurrence avec la noblesse du cavalier, je ne suis qu'un nain de jardin sur deux roues, à peine mieux qu'avec la roue unique de l'habituelle brouette.

Au carrefour je laisse cette troupe de chevaliers Phoebus probablement en marche vers Notre-Dame, et m'en vais rue de Rennes, Quasimodo à califourchon sur sa gargouille mécanique. Vexé comme un pou.

Le vélo se situe quelque part entre l'absolue sauvagerie de l'animal et l'ultra-civilité de la voiture. Quoi qu'elle fasse, même si elle joue les 4 × 4 baroudeuses, la voiture sera toujours le symbole de la civilisation, le triomphe de l'homo erectus sur la matière. Même au fond de la brousse, la voiture contient entre ses portières le XXe siècle rugissant qui l'a vue naître. Indécrottable objet industriel.

Le vélo n'a pas la grâce de l'animal dans son milieu naturel, mais il préserve, de par sa configuration ouverte et sa propulsion musculaire, une possibilité de fusion avec le monde sauvage. Ce préambule pour dire que dès que je chevauche mon bicycle, je suis souvent saisi par l'envie de faire cabrer ma monture et de la pousser jusque sur les pistes inconnues, aux confins de notre univers policé. Ce qui, à Paris, apparaît bien présompteux.

Pourtant, en empruntant l'imaginaire rimbaldien de l'enfant qui fait de n'importe quel bout de bois un bateau ivre, on peut se donner le frisson du grand inconnu sauvage à peu de frais. Lorsque monte du tréfond cette aspiration animale, c'est souvent vers la Seine que me mènent mes roues. Sans doute parce que, même bordée de quais de contention, même traversée de ponts prétentieux et parcourue de bateaux-mouches moches, la Seine reste un fleuve majestueux, dont les remous incontrôlables suggèrent l'infinie sauvagerie. Quiconque l'a vue déborder de son lit pour submerger les arrogantes voies sur berge de son courant violent et de ses eaux brunes charriant des troncs déracinés ne peut en douter. Voilà pourquoi le concubinage avec la Seine est propice aux réminiscences de l'animalité.

Choisir pour ce faire des quais non aménagés (tant qu'il en reste). Enjamber l'éventuelle barrière, et, cadre du vélo sur l'épaule, descendre les escaliers abandonnés. (Je ne livrerai pas ces endroits, comme on garde des coins à champignons.) Puis cheminer de concert avec les flots rageurs qui font mine de vouloir nous happer les roues de leurs gerbes d'écume joueuses, sur un pavé rugueux entrecoupé de fondrières, de flaques de boue, d'herbes folles. Bref, tout ce que l'inlassable activité humaine s'emploie à aplanir, recouvrir, éradiquer.

C'est un petit monde oublié, comme en sommeil, avant les prochaines pelleteuses, et qui en attendant s'offre une dernière petite fête sauvage, à laquelle il vous convie. Oh, une fête très discrète, ce n'est pas les grandes eaux de Versailles. Mais cet humus sur les murs, ces brins d'herbe inhabituellement longs comme une coiffure de gamin teigneux, suffisent à faire le bonheur de l'hôte d'un jour, du passager clandestin de cette échappée (belle) au centre de la ville industrieuse.

Le premier étonnement, sur les berges de la Seine, vient du silence relatif. Domine ici la rumeur du fleuve, ample et rassurante. Puis nous revient comme à travers une vieille boule Quiès la clameur assourdie de la ville d'en haut. Le pilote d'un petit avion doit avoir cette impression, tombé d'un nuage orageux bourré d'électricité pour enfin retrouver le soleil d'au-dessous.

Car, en descendant de quelques degrés, on a quitté une couche d'ozone sonore, pour se rapprocher de l'infra-monde du niveau de la mer. Et, si l'on y prête attention une demi-seconde, ce niveau de la mer nous semble être comme un niveau de nous-même, pacifié.

Le voisinage avec le repère universel, point zéro de l'altitude terrestre, installe secrètement un horizon intérieur enfin stabilisé, comme on dit « une remise à niveau ». Ainsi agissent les bords de l'océan sur les esprits agités.

Et la vertu des fleuves est d'être le messager des mers au cœur des villes.

Imaginer une ville sans voitures ? C'est possible, sur les quais, justement. Sur les voies sur berges, habituellement livrées à l'ogre automobile. Le dimanche, elles sont autorisées aux cyclistes-piétons-rollers par une sorte de royale mansuétude du maire de Paris.

A vélo ou en patins, ces berges deviennent le plus beau point de vue sur le Paris millénaire. C'est un travelling historique ininterrompu qui démarre sous les ors du pont Alexandre III puis longe les flancs de l'immense paquebot *Ile-de-la-Cité* et s'achève, étourdi d'embruns et de soleil, dans le bassin de Bastille.

Aucun feu rouge, aucune voiture, des patineurs, des gambadeurs, des chiens, des jeunes filles en fleurs. C'est gai comme un territoire reconquis. C'est 1936, le Front populaire... Certains dimanches, on retrouverait presque l'ambiance balnéaire des premiers congés payés.

Belle préfiguration de ce que sera, une fois que le combat vélosophique sera gagné, une capitale cycliste, piétonne, libre et républicaine.

Il y a un autre moment privilégié pour fréquenter les berges. Il ne doit rien cette fois aux mandarins municipaux, mais tout au Créateur éternel (bien au-dessus du maire de Paris dans la hiérarchie). Ce sont les inondations. Expression de la toute-puissance naturelle qui reprend ses droits, chassant les autos de cette proximité adultérine avec le fleuve. Les berges redeviennent le territoire exclusif de l'univers liquide, elles retournent au monde des profondeurs, parcourues de lames sombres qui viennent lécher le bas des murs en un clapotis de bouche affamée.

L'image du « monde des profondeurs » est plus destinée à frapper les imaginations qu'à traduire la réalité au plus proche, car en fait d'abysses, les berges ne disparaissent que sous quelques symboliques centimètres d'eau. Mais ils suffisent à suggérer un univers mouvant, frisson sur l'échine d'un monstre incertain, familier de nos terreurs enfantines. Bon, c'est ainsi, incurable rimbaldien, que je vois la Seine, aux heures lugubres de novembre ; et c'est ce qui rend sa fréquentation à vélo plus excitante encore.

Car il est possible d'y pédaler, au mépris des barrières érigées par une préfecture de police peu sensible au mythe des monstres sous-marins (ou trop, qui sait ?). Les jantes s'enfoncent un peu sous l'eau, et l'avancée tient plus de la navigation que du cyclisme. Une petite écume d'étrave ouvre le chemin, un discret sillage le referme. Jeter l'ancre pour s'arrêter un instant signifierait poser un pied sous la surface et terminer la balade avec une chaussure gorgée d'eau.

Des spectateurs mystiques de la scène (la Cène ?) pourraient même, à m'observer rouler sur les eaux, y voir une relecture cycliste des miracles messianiques. Un miracle a d'ailleurs eu lieu. Une rencontre surréaliste comme on en fait rarement à vélo. J'ai croisé une famille poisson, papa, maman, les deux petits, qui remontaient le courant, sans doute égarés. Nous avons fait mine (surtout moi) de considérer ce croisement vélo-poissons parfaitement normal, et, respectueux de notre différence, nous nous sommes salués de la nageoire (surtout eux).

Un jour béni de voies sur berges cyclables, j'entraînais quelques amis sur un court itinéraire qui m'est cher. Juste à l'endroit où la voie rapide remonte à la surface, au niveau de l'île Saint-Louis, au moment donc où l'on croit l'escapade terminée, hop, enjamber le rail de sécurité après le dernier pont, et le compagnonnage fluvial continue, grâce à une étroite bande de quai, qui décline sur la droite en pente raide vers les flots. Sans être équilibriste confirmé, ça passe.

On rejoint le bassin de l'Arsenal par une connection très dépaysante : nous voilà sous l'architecture métallique d'un double pont de routes à grande vitesse qui filent vers Bercy, et franchissant une écluse à la barbe de voiliers ou de petites péniches sous une voûte humide. Puis on retrouve les pavés ronds et les rails typiques des ambiances portuaires. On est en plein dans une bande dessinée de Tardi, et, à tout instant, un noyé à deux têtes peut remonter à la surface des eaux sombres, voire un tentacule rouge.

De là on regagne la place de la Bastille, par une légère infraction au règlement des parcs parisiens, en empruntant les allées fleuries du jardin exotique qui longe les bateaux à quai. Bref, un itinéraire maritime en diable plutôt tentant.

Le grain de sable dans le pédalier est survenu bien avant sur l'étroite bande de quai décrite plus haut. J'ignorais que c'était un lieu de rendez-vous galant et l'un des soupirants, assis au soleil, dérangé par cette cohorte cycliste a allongé la jambe au passage de Claire. Pour l'éviter, elle a choisi la forte déclivité vers la Seine, ponctuée d'une superbe gerbe d'eau. Claire, bonne fille, (et par ailleurs plongeuse sous-marine, ce qui aide à relativiser les choses) s'en est sortie d'un bel éclat de rire avant de remonter parmi les vivants, le vélo, hissé de la même façon, retrouvant illico ses fonctions naturelles sans barguigner (le loueur de vélos s'est-il douté du détour par les fonds marins d'une partie de son fond de commerce ?).

Cette expérimentation scientifique impromptue m'a apporté tout un tas d'informations sur le fleuve et sa présupposée sauvagerie. Tout d'abord (en tout cas à cet endroit), même tombé à l'eau, on a encore pied, près du bord. Déception de celui qui s'imaginait que le lit de la Seine flirtait, dès le bord, avec les abîmes insondables où vivent des espèces inconnues (à tentacules rouges).

Ensuite la Seine sauvage s'est avérée bien plus surveillée que je ne le pensais. Une minute après le plongeon de Claire, un Zodiac des pompiers arrivait tout mégaphone dehors. Suivi, quatre minutes plus tard, d'une vedette de secours, et enfin sept minutes plus tard d'une brigade à pied sur le quai, munie d'une combinaison de survie pour noyés (au vue de la capuche unique, je dirais pour noyés à une tête). L'univers bestial que je me plaisais à imaginer était en fait bougrement sous contrôle.

Claire, qui a fait ce que Chirac avait promis de faire aux Parisiens avant l'an 2000 pour prouver la bonne santé de la Seine, a dû entendre un grand nombre de recommandations drastiques (vaccins, etc.) au cas malheureux où elle aurait avalé une seule gorgée d'eau.

Dernière information consternante : en tombant dans la Seine, ce n'est même pas la noyade qu'on risque, mais l'empoisonnement.

A vélo, rien ne remplacera le plaisir (même fictif) de la découverte. Trouver de nouveaux territoires inviolés ; voilà ce qui doit animer le cycliste. A vélo doit triompher l'esprit conquérant. Quand la voiture, en ville, ne peut offrir que la mentalité de troupeau. Tenaillé par la fibre de l'explorateur urbain, je découvre sans cesse de nouvelles ruelles étroites, débouchant sur des passages surgis de la nuit des temps. Et on ne me fera pas croire que je ne suis pas le premier homme à y poser les roues.

C'est une forme d'esprit un peu spéciale, je le concède, probablement puérile : même au pied des pyramides du Caire, je ne peux pas suivre le guide, tout occupé que je suis à chercher des tombeaux inconnus que quatre générations d'archéologues n'auraient miraculeusement pas trouvés avant moi. La visite guidée (guindée) de la tombe de Toutankamon m'a laissé de marbre. Tout comme l'ensemble des trésors qu'on y a trouvés soigneusement rangés derrière un cordon et un gardien somnolent au musée du Caire. En revanche une petite photo noir et blanc accrochée au mur m'a bouleversé : c'était le premier cliché pris à l'ouverture de la tombe. Une vision d'une intensité dramatique inouïe, comparée à l'étalage tristement ordonné, apprêté des mêmes objets derrière moi.

C'est pourquoi mes balades évitent les musées comme la peste. Ou plutôt comme la mort. Les musées, leurs parquets cirés, leurs cordons qui nous maintiennent à distance compassée de l'œuvre, me renvoient à de sinistres souvenirs de détention scolaire. J'ai envie de bondir à la fenêtre et de hurler : « Je suis vivant ! C'est une erreur ! Venez vite me chercher ! » Comme cette reine égyptienne enfermée vive dans la pyramide de son mari à la fin de *La Terre des Pharaons* et dont le cri de terreur me glace encore le sang.

Cette habitude monomaniaque de rechercher sans cesse les itinéraires *bis* inconnus des hommes me fait considérer d'un œil morne les pistes cyclables et autres aménagements pour vélos. Il y a quelque chose de desséchant pour l'imaginaire à suivre un parcours balisé.

Le chemin qui suit le canal de l'Ourcq commence, lui, sous le pont du périphérique, en une sorte de tunnel de poutrelles délicieusement glauque. Puis il longe les moulins de Pantin : on passe entre les murs de briques de ce somptueux château industriel et les péniches amarrées, on zigzague entre les tas de sable. Du grain à moudre pour l'imaginaire. On est chez Simenon, Maigret enquête sur le milieu des mariniers dans les brumes matinales du fleuve. Plus loin, quelques passages de pavés inégaux nous offrent l'envers du décor de sinistres entrepôts. Dépaysement garanti. On est maintenant dans la Flandre industrieuse de Jacques Brel, avec un ciel si bas qu'un canal s'est pendu.

Et puis voilà que la piste, de romanesque, se fait cyclable. Les bitumineurs sont passés par là. Ils ne pouvaient laisser de telles poches de résistance poétique « à l'abandon ». Désormais la voie est bien droite, bien plate, dans tous les sens du terme (du terne). Les familles peuvent y pédaler à leur aise. Il y a même une bande blanche pour séparer la piste entre ceux qui vont et ceux qui viennent, bravo ! Ajoutons-y quelques restoroutes avec bretelles d'accès et on aura recréé en modèle réduit l'univers magique de l'autoroute.

Je les connais les « Aménageurs ». Ils n'ont pas l'air méchant ; ils sont en bleu de travail, ils sifflotent en travaillant. Ils agissent sur ordre d'une entité nébuleuse nichée dans un bureau peut-être municipal, peut-être préfectoral, on ne sait pas, peut-être même extraterrestre (je pencherais pour cette dernière hypothèse). Et ils appliquent méthodiquement une vision du monde aseptisée, sans imaginer qu'une autre puisse coexister, là, juste sous le goudron chaud qu'ils viennent de répandre, et voilà c'est trop tard, tout est mort.

Je les connais pour les avoir vus à l'œuvre chez moi, dans le Pas-de-Calais ensorceleur (62). Au bord d'un autre canal. C'était un endroit fascinant pour le gamin que j'étais (et continue d'être) ; un sol noir de terril, crevassé par endroits à la manière des volcans, couvert d'une végétation chiche et d'arbres noueux. Des chemins étranges fuyaient sous les arbustes. Un vieux pont de ferraille à gros clous du plus pur style « Houillères du Nord-Pas-de-Calais » franchissait un bassin aux eaux sombres. Au plus fort de l'exploitation minière, les trains de charbon arrivaient ici et déversaient leur or noir par un système de tuyauteries jusque dans le ventre des péniches. Tout ça n'existait déjà plus au temps de ma prime jeunesse, mais ces vestiges étaient un formidable terrain d'aventure. Et cette voie ferrée, désormais sans rails, traversée de lapins et de buissons fous, est longtemps restée un territoire de rêverie pour l'adulte que j'étais devenu (?).

Et, bien sûr, sont arrivés les Aménageurs. Ils ont cru bien faire, les Aménageurs. Comme toujours. Quand ils ont eu terminé, le banal gazon des jardins à barbecue régnait partout, planté de-ci, de-là de poteaux d'éclairage à boules, et parcouru de sentiers de goudron rouge vaguement sinueux (pour la fantaisie). Un banc tous les dix mètres permettait de savourer la victoire de l'homme civilisé sur la Nature des âges farouches.

Et pourtant, je suis convaincu qu'au fond de chaque administré ravi de cette formidable réalisation paysagée demeure une part animale d'aspiration à l'inconnu et au sauvage, qui n'y trouve pas son compte. Voilà bien la schizophrénie de l'homme contemporain, toujours en lutte pour aménager, nettoyer, classifier, ordonner, redresser ; et parfois malheureux d'y être parvenu. Le fauve capturé était bien plus beau hors d'atteinte.

Le hors-piste à Paris est encore possible. Moins dangereux que le hors-piste en montagne, on n'y risque que l'avalanche d'insultes.

Entre autres exemples, on peut tenter la piste verte de la promenade plantée (dite « coulée verte »). Il s'agit du viaduc de l'ancienne voie ferrée Bastille-Vincennes qui a été recyclée en lieu de balade. C'est un plaisir aérien que d'y pédaler au niveau du quatrième étage. En contrebas, le flot des voitures, et à hauteur d'yeux, les jeunes femmes derrière les vitres dépolies de leurs salles de bains.

Le dimanche, on peut choisir certains quais de Seine normalement dévolus en semaine au ballet des camions de gravier. En partant des parkings célèbres pour leurs rendez-vous homosexuels (voir *Les Nuits fauves*) du quai d'Austerlitz, on remonte toutes les péniches-restaurants, la *Guinguette pirate*, le *Batofar* pour tomber après la Bibliothèque nationale sur les sablières.

On traverse alors un décor semi-industriel toujours insolite, à l'ombre des murs noircis des grandes usines fantômes du XIIIe arrondissement. Pour compléter ce tableau surréaliste, j'y ai aperçu un jour, entre deux silos, un Ecossais torse nu jouant de la cornemuse à pleins poumons.

Cette traversée d'un Magritte s'achève au pied d'un pont par un sentier aléatoire, à moitié décharge sauvage, comme ceux où l'ont retrouve les enfants assassinés dans les faits divers. De petits îlots à l'abandon qui n'échapperont plus longtemps aux Aménageurs. Ces gens-là, avec leur triste gazon, sont à jamais insensibles au pouvoir d'évocation romanesque d'un terrain vague où l'on tue les jeunes filles.

Posséder un vélo et le laisser traîner dans la cave (comme le font la majorité des Parisiens), c'est avoir une lampe d'Aladin et ne jamais penser à la frotter. Alors que le bon génie qui s'empare de vous au premier tour de roue a plus d'un vœu sous la pédale.

En un quart d'heure, grâce au fameux coup de guidon magique (un coup à gauche, un coup à droite, selon l'humeur), vous serez bientôt loin de vos repères, découvrant, vous ne savez plus comment, un coin de rue parisien tellement surnaturel qu'on le croirait inventé pour vous, et disparaissant dans votre sillage comme dans les contes de fée. Cherchez à y retourner une autre fois, vous ne le retrouverez plus. C'est ça la magie. Chevaucher mais ne jamais dompter. Frôler du doigt mais ne jamais saisir.

Et pour que la magie opère, c'est-à-dire pour que le sol s'ouvre tout soudain sur un monde parallèle de l'inattendu, à mille lieues des promenades réitératives qui font les digestions réussies mais les enfances tristes, il y a une condition. Tous ceux qui commercent avec le surnaturel le savent : pour obtenir, il faut lâcher quelque chose. Ce que résume le principe : pour avoir, il faut perdre.

En l'occurrence, le pacte satanique qui nous est proposé n'a rien de sulfureux. Quoique. Il s'agit de donner son temps. Car sans ce sésame élémentaire, rien n'est possible. La magie ne se convoque pas dans un créneau horaire. Elle ne s'enferme pas dans un agenda. Accepter l'idée que « ça prendra le temps que ça prendra » (la seule mesure scientifique acceptable du phénomène) permet tout à coup à une sorte d'« infini des possibles » d'installer sous nos roues libres son territoire invisible. De dérouler discrètement, sans les rodomontades d'un bateleur de foire, son tapis volant bitumineux.

En apparence c'est la même ville, pourtant vous le savez sans vous retourner, ça y est, le bon gros génie est derrière sur le porte-bagages, et les clochers en chemin vous ont déjà un petit air de minaret.

Il y aurait une autre condition du même tabac, pour qu'une simple balade à vélo un peu timorée devienne un vrai survol de minaret : accepter de ne pas avoir de but. Pas d'intention. Pas de projections ni dans le temps, ni dans l'espace. Encore un marché diabolique qui a l'air bien anodin, voire fastoche.

Pourtant, dans le contexte d'une culture de la volonté qui nous est implantée depuis l'enfance, puis plus tard du culte de la maîtrise, le fait d'accepter pour soi-même la divagation (terme employé pour les chiens errants qu'on a donc le droit d'abattre) est un réel effort de « lâcher-prise ». Rien ne nous y prépare. L'errance est subversive. Les gens du voyage sur qui on lâche les chiens payent pour le savoir.

Avoir une destination, c'est décider pour le hasard. Qui, j'en suis sûr, avait une bien meilleure idée pour nous. Tant pis, on a joué petits-bras. Ce sera le trou de souris et pas les grottes de Lascaux.

Ne soyons pas intégriste de l'imprévu pour autant. On peut s'épargner le coup du doigt au hasard sur la carte ou du coutelas qui tourne sur une pierre. Car rentrer à la maison à trois heures du matin, les jambes griffées d'épines et la roue avant pliée, par orgueil de s'en être tenu à une soi-disant décision du Très-Haut, serait une interprétation abusive, voire une manifestation supplétive de la volonté.

Mais on peut laisser se développer un léger flou au pourtour de nos intentions. S'endormir à la barre. Que le fil soit lâche. Et finalement, arriver à l'endroit prévu malgré tout, peu importe, l'idée était de laisser au parcours toutes ses potentialités éruptives.

Le vélo est donc une arme à double tranchant. Un cycliste forcé, un « malgré-nous » du deux-roues, uniquement animé de la préoccupation de « faire utile », ou de « rentabiliser son temps », se condamne par une utilisation restrictive, désenchantée de son instrument à une bien triste vallée de larmes cyclable. Au lieu de chevaucher son Pégase aux ailes déployées, il s'en sert pour labourer le champ de son mal de vivre.

De ce troc fabuleux, l'heureux cycliste des mille et une nuits tirera, lui, un double bénéfice. Alors qu'au départ, la partie rationnelle, comptable, de lui-même classait sans hésitation ce marché de dupes dans la colonne pertes et fracas. Le citadin urbain salarié pressé qu'il est ne pouvait pas ignorer tous les voyants rouges allumés à la simple hypothèse de « donner son temps ». Le temps est ce qu'il y a de plus précieux dans notre fonctionnement actuel et il se monnaye très cher.

C'est pourquoi il sera doublement récompensé, notre Aladin cycliste, d'avoir franchi ce pas. Dans le même mouvement d'abandon où il va accepter de « donner son temps », sans volonté d'en maîtriser le déroulement, où il va le croire perdu corps et biens, le temps va se distendre et lui revenir plus grand encore, quand il pensait l'amputer. Une brèche s'est ouverte dans le célèbre continuum spatio-temporel, une faille surréaliste où les heures s'écoulent sur des montres molles. Un temps qui ne vaut rien, et pourtant « hors de prix ».

Chers amateurs de science-fiction qui raffolez des histoires abracadabrantes d'« univers parallèles », sachez que ce monde d'à côté existe. On n'y va pas à bord de vaisseaux extravagants qui coûtent la peau des fesses. Mais sur des vélos de curé de campagne. Ça vous en bouche un coin, non ?

Ces histoires de mondes parallèles, d'« autre côté du miroir », ne sont pas si farfelues. J'en suis convaincu : il y a une ville à côté de la ville. Selon l'heure du jour, le Paris entrevu n'est pas le même. Le cycliste dont les capteurs de l'humeur urbaine sont particulièrement affûtés saura reconnaître les rythmes de la ville, à la façon des grands navigateurs qui jouent des courants chauds et froids pour glisser en douceur sur le globe.

Il saura jouer des moments de clémence et des zones tempérées pour maintenir au maximum autour de lui et tout au long du trajet le décor serein d'un Paris provincial, doux à vivre et peuplé d'ombres chères.

Plus tard pourtant au même endroit, les malchanceux qui fréquentent le côté obscur de la ville continueront à pester contre cet enfer citadin qui les laisse rôtir dans les flammes de l'agressivité ambiante, attisées par la leur.

Le cycliste, lui, pense que l'enfer et le paradis ce n'est pas là-haut ni plus tard. Mais ici et maintenant. Et que tomber d'un côté ou de l'autre dépend parfois d'une simple orientation de l'esprit, ou de la roue avant.

Parti de cette idée du « temps hors du temps », j'ai voulu un jour organiser des voyages parisiens à vélo, le temps d'un dimanche, pour un groupe d'amis. Le principe était que chacun d'entre nous, à son tour, entraîne les autres sur un parcours secret établi par lui seul. Susciter une forme de dépaysement à domicile, *intra-muros*, par la simple ignorance du but de la promenade, et l'abandon délicieux entre les mains d'un ami de toutes décisions à prendre quant au trajet. Sans oublier le mystère de l'objectif inconnu, même sur un territoire familier. On voyage en fait dans l'imaginaire personnel de notre guide d'un jour, comme les metteurs en scène « revisitent » les grandes pièces de théâtre. Le tout était baptisé pompeusement « Les pique-niques mystérieux au pays de Paris ».

Cet exercice exigeait une certaine ingénuité, un œil neuf de découvreur, lors même que nous traversions des contrées évidemment rebattues. Un parcours pour le Candide de Voltaire ou les Persans de Montesquieu. Cette mise en place personnelle du temps-vélo, cette parenthèse ludique à l'intérieur de laquelle nous circulions, permettait d'exercer cette fraîcheur.

Et puis le Grand Ratiboiseur a fait son œuvre, et il a été difficile de maintenir la légèreté bien longtemps. L'esprit s'est dévoyé. Certains avaient une « projection de presse » avant et nous rattraperaient en route (contresens : on ne « case » pas cette balade parmi d'autres activités). D'aucuns nous rejoignaient à midi au pique-nique (« alors c'est où l'endroit mystérieux ? ») D'autres enfin, nous quittaient avant la fin...

Au grand dam de votre serviteur dont la machine à démonter le temps était ainsi malmenée et qui a fini par se rabattre sur des balades mystérieuses avec son seul fils, dont les dix-huit mois d'âge garantissent encore un moment la fraîcheur d'esprit.

Einstein l'a bien résumé avec sa théorie de la relativité : « Le temps passé sur les genoux d'une jolie fille est différent de celui passé sur des charbons ardents. » Le théorème vélosophique qui s'en déduit est le suivant : « Le temps du pédaleur amoureux n'est pas celui du livreur de pizza. » Les heures du premier se sont ramollies et étirées comme la mozzarella sur les « siciliennes » du second. Les minutes du second sont incandescentes comme la harissa sur la « royale » du premier, commandée pour lui et sa fiancée, parce qu'une bonne balade à vélo, ça creuse.

Le « temps-vélo » n'est pas dans le même fuseau horaire. Son méridien de Greenwich passe par le pédalier, et sa trotteuse particulière suit une à une les dents du plateau.

Finalement, une bicyclette est une horloge double dont les aiguilles à pédales tournent entre les deux cadrans, sans jamais les rejoindre. Egrenant une heure inconnue éternellement intermédiaire. Le temps des secondes entre les secondes, comme on dit « lire entre les lignes ».

Précision : le temps-vélo est poreux, comme une vieille chambre à air. On peut passer, sans s'en rendre compte, d'un fuseau horaire à un autre. Si l'on ne prend pas garde à maintenir l'éveil vélosophique, cette semi-conscience vaporeuse aux choses, on glisse insensiblement dans un temps plus rugueux, grignotés que nous fûmes sans doute par quelques pensées perforatrices de pneus.

Je dois avoir l'honnêteté de dire que j'en ai été le témoin-victime, plus qu'à mon tour. Le pédaleur amoureux éthéré s'est souvent réveillé médiocre livreur de pizza. Car, dérangé dans l'état de mesure infinie du temps (ou d'absence de mesure) par une culpabilité désolante, un compte que j'aurais tout à coup à rendre à la grande Machine à Produire et qui justifierait mon existence sur Terre, me voilà jeté par un retour fulgurant du refoulé dans un territoire aride de moi-même, où tout se paye cash.

Et tout s'inverse. Le temps s'est accéléré et moi je suis au ralenti. Dès lors, tout est rude. La pente est rude, les passants sont rudes et les feux passent au rouge sous mon nez (qui coule). Je sais que j'ai perdu la grâce. Me voici cloué au sol, plus piéton qu'un piéton. Dans mes rêves, je suis souvent poursuivi, et je rampe au sol pour avancer avec une désespérante lenteur. Je retrouve cette sensation en pédalant dans une ville-chamallow aux angles à la fois mous et acérés.

La leçon est rude aussi : il ne suffisait pas d'enfourcher mécaniquement un vélo, il fallait que les deux semelles aient décollé du sol. Vraiment.

Quand je fais du vélo en Bretagne, je pars souvent avec le vent de face. J'accepte cette hostilité des éléments, dans mon infinie sagesse. Le vent est mon ami. Je fais pratiquement du surplace, à bout de souffle, transi, mais le vent est mon ami, OK ? continué-je à penser en me mordant la lèvre inférieure. Ma Grande Connaissance des Lois de l'Univers m'incline à patienter. Car au retour, c'est sûr (haha !), j'aurai mon ami le vent dans le dos.

Et quand je prends le chemin du retour, ravi d'enfin goûter les fruits de ma sagesse (infinie), le vent a tourné et il est encore de face. Les Grandes Lois de l'Univers se sont encore bien foutues de ma gueule.

Le vélo modifie le temps, mais l'espace aussi. Refaites en voiture un parcours particulièrement heureux à vélo. C'est foutu. C'est comme si on vous avait changé l'endroit : il s'est appauvri.

J'ai été le témoin inconscient d'un bel exemple de mutation de l'espace, de l'âge de dix à vingt ans. Des milliers de fois, j'ai emprunté cette même route de chez à moi à chez tante Louise. C'était la route des grandes vacances, l'évasion vers le monde perdu du bassin minier, le grand voyage au pays merveilleux des terrils et des corons. Douze kilomètres, quand même. D'Annezin-les-Béthune (62) à Marles-les-Mines (62 aussi). Mais douze formidables kilomètres, le cœur gonflé par le vent dans les voiles. Car au bout : à moi les grands espaces herbeux, les genoux écorchés, et les couchers à 10 heures du soir sans me laver les mains (merci Louise !).

Très jeune, je faisais le parcours avec l'autobus de 10 h 12 de la Compagnie artésienne. Pour l'attraper au vol, il fallait se lever tôt, le sac de sport jaune plein d'un mois de linge de rechange. Puis emprunter le chemin à travers champs jusqu'au Calvaire, où un triste Christ sur sa croix de fer forgé entourée d'une petite barrière du même métal signalait l'arrêt de la ligne Béthune (62)-Auchel (62). Ma mère n'ayant jamais d'horaires à jour (celui d'hiver en été et inversement), je me souviens d'attentes interminables à guetter la couleur caca d'oie des bus artésiens, et encore, un sur deux faisait le trajet par Allouagne (ville à jamais maudite dans mon esprit d'enfant, car synonyme d'erreur fatale si je venais à l'emprunter par distraction, et donc à mourir loin des miens, abandonné des hommes derrière les lignes ennemies). Encore aujourd'hui le nom de la ville d'Allouagne résonne lugubrement à mes oreilles, quoique je n'aie pas le souvenir de l'avoir jamais entendu depuis cette époque, entretenu dans une bienheureuse illusion que ce trou noir de mon histoire personnelle avait été rayé de la carte (il faudra que je vérifie à l'occasion que ça a bien été fait).

Enfin, arrivait le bus. Et tout de suite son odeur de skaï et de tabac froid. Dès lors, la nausée commençait sa sourde remontée des entrailles, et je savais qu'elle culminerait aux premiers terrils. L'arrêt « Marles-Vallée Carreau » sonnerait comme une délivrance. Quel bonheur alors que de me sentir recraché des entrailles de la baleine artésienne, tel un Jonas quasi vomissant. Ce n'étaient donc pas mes meilleures années de transhumance, mon estomac fragile me l'interdisait.

Puis vint le temps du vélo. J'avais le droit de rallier seul les contreforts de chez tante Louise, sur mon randonneur à gros pneus. Joie sans limites. Le temps subissait là une contraction paradoxale : il me semblait (faussement) que sur la même distance ma chevauchée cycliste était bien plus courte que mon agonie régurgitoire en bus.

A vélo, il fallait traverser la proche Vendin, puis contourner la sauvage Chocques en passant sous la voie ferrée, avant de longer les usines des Houillères, austères et mystérieux bâtiments d'où sortaient des espèces de tapis roulants aériens sur lesquels je me plaisais à imaginer mon oncle, mineur à douze ans, entamer de joyeuses batailles de boulets de charbon avec ses copains. La réalité avait été moins rose pour lui, je ne l'appris que plus tard.

Ensuite je filais, vent dans les cheveux et sac de sport jaune (le même) sur le porte-bagages, vers les faubourgs de la lointaine Lapugnoy, hérissée des premières et inexpugnables montagnes noires. On entrait sur le territoire minier, et l'air n'était plus le même. Il avait été expulsé des poumons silicosés de milliers d'hommes aux joues poudrées de noir, morts à force d'avoir élevé toujours plus haut vers le ciel ces monticules insensés, pour qu'un jour des enfants comme moi et mes potes puissent se fendre la gueule à les dévaler d'une traite. Au fait, merci !

Au terme de cette épopée à travers la mémoire d'un peuple, je pénétrais en vainqueur au cœur du bassin minier, présentement Centre du Monde. (Enfant je transportais toujours le centre du monde avec moi, et aujourd'hui encore un peu si je ne fais pas attention.) Marles-les-Mines ! Nom qui tinte joyeusement à mes oreilles, alors qu'il horrifierait n'importe quel natif sous la Loire.

Donc, ce parcours, mon regard l'avait construit et déconstruit, additionnant sans le savoir ces infinis détails qui font la trame des souvenirs d'enfant. Chaque passage à vélo remettait une couche fraîche, jusqu'à ce que la croûte soit suffisamment solide pour résister aux intempéries de la mémoire. Cette création mentale patiente, c'est le temps du vélo.

Ensuite, vint le temps de la mobylette. A seize ans, le Peugeot 103 vert bouteille prenait le pouvoir, envoyant aux oubliettes sans états d'âme le vieux randonneur de retour. Les chevaux des mineurs ne connaissaient pas meilleur sort, qui ne revoyaient jamais la lumière du jour et mouraient à la tâche dans de sombres boyaux. Je succombais illico à la fascination pour la vitesse, synonyme dans ma pensée adolescente de puissance et de capacité à perforer l'univers d'un coup de poignée de gaz, la tête casquée dans les épaules.

Le décor lentement construit de mon enfance n'était plus alors qu'une bande-son déroulée, un flou strié de lignes de fuite. J'arrivais vingt minutes plus tard et sans effort au pays des merveilles, qui, subséquemment, l'était déjà moins, puisque désormais si accessible. L'île déserte n'était soudain plus qu'une banlieue de la vie quotidienne. Cette victoire sur le temps objectif était une défaite du temps affectif.

Le pays minier annexé perdait d'ailleurs symboliquement à cette époque ses fameux terrils, décapités et étalés comme remblai sous les autoroutes. Le culte de la vitesse avait décidément triomphé de tout.

Vint enfin le temps de l'automobile. Ce trajet n'était plus que l'occasion de visites rapides et de politesses pour l'homme pressé que j'étais. A peine le temps d'un regard distrait par la vitre latérale. Le point de départ ressemblait de plus en plus au point d'arrivée, par un phénomène à la fois de banalisation du regard et d'uniformisation du décor. La poussée des « lotissements » à éclairage à boule, relayant la disparition de cette brique rouge qui fait le charme du Pas-de-Calais et la déprime de ceux qui le traversent occasionnellement. Vitesse et normalisation (tiens, n'est-ce pas là les deux moteurs du « progrès » ? — moteurs diesel bien sûr) ont aboli le subtil dépaysement que même une simple translation de douze kilomètres procurait, ce fragile sentiment de l'ailleurs dans le semblable.

Déjà je ne restais plus dormir. Bientôt je ne resterai plus manger. Quelques gâteaux humides dans une boîte en fer, deux ou trois mots convenus et le retour à la fébrilité de la « vie active ». Marles-les-Mines n'était plus qu'un musée d'une part de moi-même, habité par quelques gardiens aux sourires si doux, dont je me refusais à voir les cous maigrir dans les cols, les poignets se dessécher alentour des montres.

Un jour on mit mon oncle Alexandre sous la terre où il avait déjà passé quarante-deux ans de sa vie. Mon oncle Alexandre, le mineur, né pour aller sous terre, comme nous le sommes tous, c'est vrai, mais lui avait fait un consciencieux stage de préparation. Une quarantaine d'années de repérage.

Un autre jour, j'appris que la maison de Louise, l'incroyable maison aux armoires de Pandore, avait été rasée par un bulldozer indélicat. Louise « reclassée » dans un lotissement. Et moi, toujours actif, toujours différant mes visites, incapable de voir tout ce monde basculer dans le virtuel des album-photos, j'allais laisser Louise mourir sans lui dire merci, merci pour ce point de mire de mon plus beau voyage à vélo, ce repère essentiel dans ma cartographie intime, étoile polaire qui s'éteint, plop, laissant le navigateur bras ballants sur sa flaque d'eau, jadis océan.

Je les entends déjà, mes détracteurs. Tout ça n'est que de la nostalgie facile ! Je les vois aussi, mes détracteurs, ils portent des chemises hawaïennes — dans le civil ils sont vendeurs de photocopieurs. Ils me considèrent avec un brin d'agacement tempéré par le sourire en coin condescendant de ceux qui se situent dans le camp de la modernité face au rémouleur de couteaux.

Bien évidemment, il ne s'agit pas de fixer pour toujours un temps prétendu bienheureux. De mettre sous globe une jeunesse éternelle et son mièvre décor. Mais, en équilibre sur un vélo, le progrès-panacée nous apparait fâcheusement bancal s'il lui manque le contrepoids de la conscience.

C'est-à-dire si nous avons oublié au passage de l'habiter d'une vision humaniste du monde, tout emporté par l'excitation de nos nouveaux jouets technologiques, et fasciné par l'image flatteuse qu'ils nous renvoient.

Science et conscience (ces deux tartes à la crème des dissertations de classe terminale), l'inspiration et la technique, grâce et pesanteur, raison et folie doivent être maintenus ensemble dans la trajectoire créative. Le cycliste le pressent, qui, dans la descente, tient ferme son guidon à deux mains.

Boulevard Saint-Germain. Je vais virer sur ma droite, le corps incliné, dans un beau mouvement courbe qui n'est pas sans rappeler le vol de l'aigle. Le feu est rouge, mais c'est à peine si je le note, ce signal écarlate n'est qu'une plaisanterie pour le cycliste qui tourne à droite et longe le trottoir sans danger. Et là un policier. Il lève le bras à mon intention. Tiens ? On se connaît ? A tout hasard je lui renvoie son amical bonjour. Et c'est par une interrogation faussement naïve dont les représentants de la force publique ont le secret qu'il me cueille au passage. « De quelle couleur il était le feu, là ? »

J'écarquille les yeux, mi-amusé, mi-consterné (pour lui). Ce gars n'est quand même pas là, au milieu de la route, pour faire passer des tests de dépistage aux daltoniens ? ! « Rouge ! » répondis-je avec une impatience polie, comme on donne l'heure à un passant. Avant de reprendre mon chemin, sourire aimable aux lèvres qui signifie : « C'est tout ce que je peux faire pour vous ? Bonne journée ! » Mais l'autre m'enjoint de quitter la chaussée et le terrain de la bonhomie pour rejoindre le trottoir et celui de la légalité.

Quand il sort son carnet rose, je réprime avec difficulté quelques facéties de feuilletons américains du style « Vous devez impérativement me lire mes droits » ou « Je sais que j'ai droit à un coup de fil ». Avant de réaliser que le gardien de la paix (!) me verbalise bel et bien. Et quand il me tend, le doigt sur la casquette, le carton rose où est notifiée ma « non-observation du signal lumineux », les bras m'en tombent. Amende de 400 F à 5 000 F. Avec convocation devant le tribunal de police.

Jusqu'à présent les cyclistes bénéficiaient d'une espèce d'impunité. C'était même assez drôle de voir les policiers tourner le dos, faire mine de ne pas nous voir rouler sur les trottoirs ou remonter les sens interdits, mus par un sentiment d'indulgence paternelle, le mépris du grand chasseur pour le petit gibier, ou alors, espérais-je, la gratitude secrète de savoir que nous œuvrions secrètement dans le même sens, eux et nous : le désengorgement de la ville, une sécurité publique accrue et la lutte contre la pollution. Nous étions un peu, comme ils disent, collègues. Qui n'a pas prévenu ce gars que je faisais partie de la Maison ?

Quelle ironie ! Moi qui ai développé toute une théorie boursouflée de vanité sur les pouvoirs occultes du vélo et les bouleversements planétaires qu'il allait engendrer, je me faisais aligner par un fonctionnaire de police tatillon.

Je me consolai avec cette idée que les plus grands penseurs universels ont de tout temps connu les geôles infamantes du pouvoir, pour avoir été trop tôt visionnaires. Quoique, à la réflexion, sur l'échelle de la répression, un PV de 400 F, c'est un peu léger pour faire de moi un martyr. Peut-être est-ce même la juste mesure du danger que je représente pour la société...

« Monsieur le Président, je suis aujourd'hui convoqué devant la Justice de mon pays pour des faits que je ne conteste pas. Oui, je suis cet homme que décrit mon dossier, non observant le signal lumineux. Oui, je suis cet homme qui enfreint la règle commune nécessaire à toute vie en société, oui, je semble bafouer cette convention symbolique du rouge qui dans l'imaginaire collectif et les textes de lois a toujours évoqué le danger et/ou l'interdiction. Je ne cherche pas à le nier.

J'attire simplement votre attention, Monsieur le Président, sur la petite case cochée par le préposé à la force publique ce jour-là, qualifiant le mode de transport. Eh oui, vous lisez bien, Monsieur le Président, « cycle ». Je ne prétends pas que cette circonstance soit atténuante. Je ne suis pas ici, face à la justice des hommes, pour quémander des miettes de miséricorde mais pour qu'éclate la vérité dans sa toute-puissance, dût-elle me faire encourir l'opprobre d'une peine encore aggravée. Je connais le sort des visionnaires nés trop tôt dans un monde à venir. Je prétends que cette circonstance n'est pas atténuante, mais libératoire. Qu'elle libère de la pesanteur avilissante du soupçon. Qu'elle, comme qui dirait, revirginise, Monsieur le Président.

Pourquoi, me direz-vous ? Au fond de vous-même, vous le savez. Mais tout empesé de cette fonction, vous ne pouvez, vous ne devez rien en laisser paraître. Qu'importe, m'obliger à formuler ce que confusément vous sentez nous aidera vous et moi, et en cela nous sommes un peu collègues, à fonder une jurisprudence définitive pour le siècle qui s'annonce.

Je ne jouerai pas perfidement sur l'affectif. Pas de ça entre nous, Monsieur le Président. Bien que, j'en suis sûr, la prononciation du mot « vélo » dans cette enceinte austère, ne soit pas sans vous évoquer le doux souvenir du bambin que vous fûtes, chevauchant la bicyclette (peut-être rouge elle aussi...) de par les chemins ombragés d'un été éternel, comme le sont ceux de l'enfance. Et de ce puits de souvenir, dont sort la Vérité, vous remontez aussi cette évidence que le vélo est à jamais associé à une image de paix. Ne l'oubliez jamais, je vous en conjure.

Je n'essaierai même pas de vous démontrer que le franchissement d'un feu rouge est gravissime pour une voiture alors que le vélo virant sur sa droite ne crée aucun danger ni pour lui, ni pour les autres. C'est élémentaire. Par nature le vélo « n'enfreint pas ». Il contourne d'un coup d'aile harmonieux, tels les papillons de votre enfance, que, même dans votre vocation judiciaire précoce, il ne vous venait pas à l'esprit de vouloir condamner pour indiscipline. Leur désinvolture était conforme à une autre loi : celle de la nature. Eh bien, le vélo est un peu aux confins des deux : sa fluidité circulatoire transcendante lui fait parfois quitter le champ des lois humaines pour celles de Dame Nature.

Mais j'en viendrai au fait, Monsieur le Président. N'ergotons pas sur le cadre juridique forcément étriqué de notre affaire. Il y a plus grave. Au-delà de la lettre, retrouvons l'esprit. Vous me dites légalité ? Je vous dis légitimité. Vous connaissez bien sûr ces deux notions, qui sont au programme des cours de philosophie du Droit (première année) quand, jeune étudiant, vous couriez les amphithéâtres, le cœur léger (probablement amoureux !), tout empli de l'envie de donner au monde des bases nouvelles, libre encore, jeune chien fou, de tout ce qu'une carrière de juriste allait vous proposer comme misérables accommodements avec la réalité.

Je dis, et je redis, que ce franchissement de feu rouge qui nous occupe est une invitation à un autre franchissement : celui de la légalité pour la légitimité. Pour clarifier cette abstraction, je dirais, par exemple, qu'une voiture arrêtée au feu et qui pollue l'atmosphère est dans la légalité. Un vélo qui le franchit dans la pureté d'un mouvement courbe ne l'est pas. S'en tenir à la légalité serait commettre un crime de légitimité. Faut-il avoir tort avec la loi ou raison contre elle ?

Réfléchissez bien, Monsieur le Président et néanmoins ami.

Il ne s'agit ni plus ni moins que de décider ici, au nom de la République française et aux yeux du monde, si la présence du vélo est légitime ou non sur la Terre des hommes.

Car condamner aujourd'hui le cycliste, c'est tuer dans l'œuf une forme de pensée qui tente à sa manière, sans doute maladroite, peut-être illégale, d'instiller un peu d'harmonie et de paix (la paix, Monsieur le Président, celle-là même que vous éprouviez sur votre bicyclette rouge !) dans une monde de brutes automobile. C'est refermer le couvercle pour longtemps sur une ville étouffée, qu'une faible poignée de rebelles avait cru pouvoir soulever un peu. C'est lâcher la déferlante revancharde dans les rues de Paris, qui disposait déjà en maître de l'espace, et dispose désormais en complice de la loi.

En un mot, Monsieur le Président, et j'en aurai fini, c'est condamner la biche et relaxer la meute. Ce serait même aller jusqu'à trinquer au-dessus du corps rougi de la bête avec ses tueurs en livrée.

Au nom des espèces menacées que sont les biches et les cyclistes, je réclame le droit à la vie, le droit à l'amour, le droit à la paix. D'avance merci, Monsieur le Président. »

Cet épisode judiciaire a connu un épilogue pitoyable, que je vous confie avec des sanglots d'indignation : j'ai reçu un jour une injonction à payer l'amende de 750 F, avec accusé de réception, sur du mauvais papier, tapée à la machine, distraitement contresignée d'une vague présidente d'un quelconque tribunal. Quelle déception !

Ainsi donc, moi, le porte-drapeau des damnés de la piste cyclable, je n'étais même pas convoqué par la Justice des Hommes pour y rendre gorge de ma rébellion, mais par la Poste du XVIIIe arrondissement des Hommes, pour y retirer un recommandé. Loin du Tribunal de l'Histoire, l'affaire semblait avoir été réglée dans un bureau poussiéreux près des toilettes par un greffier obscur aux manchettes élimées, puis classée entre deux bâillements et deux autres délits mineurs (!). Franchissement de signal lumineux = 750 F en timbres-amende, point. Il n'y avait pas là matière à débat de société.

Pourtant, Madame la Présidente qui lisez ces lignes (car je vous enverrai le présent ouvrage en recommandé, pardon de cette mesquinerie), il y avait matière.

Comment avez-vous pu appliquer mécaniquement un règlement, sans que votre conscience d'homme (de femme) sinon de juge ne s'y immisce un instant ? Cette application à sanctionner sans sourciller une minuscule infraction cycliste, au milieu de la gigantesque gabegie humaniste qu'est devenue la ville polluée, m'évoque la pugnacité d'une contractuelle persistant à coller un PV pour stationnement interdit parmi les décombres fumants d'un épouvantable tremblement de Terre. Toutes proportions gardées, dans les deux cas le contexte a été oublié.

Certes, nous sommes très loin de ces circonstances dramatiques. Et pourtant, qui nous dit que dans quelques années, sous des cieux plus cléments, cette époque ne nous apparaîtra pas comme une hérésie légale ? Vous qui défendez la loi des hommes, Madame la Présidente, qui vous dit qu'un jour, au nom de cette même loi par vous étroitement appliquée, les fils de ces vieillards morts prématurément pour cause de pollution ne viendront vous demander des comptes ? Et les pères de ces enfants mutants, handicapés respiratoires à vie ?

Quand je vois mon fils, maintenant âgé de deux ans, enchaîner maladies des poumons sur affections des bronches, je pense à vous, Madame la Présidente, biffant mon amende d'un Bic distrait. Vous ne faisiez qu'appliquer la loi, me répétez-vous ? Non, Madame. Vous apportiez votre modeste pierre au grand mur aveugle qui sépare la lucidité du renoncement. Les totalitarismes les plus monstrueux se sont toujours servis de ces microscopiques abandons de conscience pour nourrir leurs bêtes immondes.

Le jour où ma misérable affaire de non-respect de signal lumineux à vélo a échu sur votre bureau, vous avez raté l'occasion, vous en aviez le pouvoir, de dire « non ». De jeter loin de vous ce papier rose et de proclamer bien fort quelque chose comme : « Quelle société avons-nous bâtie qui hurle contre l'agneau avec les loups, et sanctionne la fragilité du vivant quand c'est la Mort qui partout menace ? »

A tout le moins, si vous n'avez aucun goût pour la grandiloquence, eussiez-vous pu aviser votre greffier en ces termes plus triviaux : « On va pas emmerder ce pauvre gars à vélo... C'est déjà suffisamment dur, sans qu'on en rajoute une louche. »

A l'instar de Kipling qui disait qu'« il y a plus de grandeur à épargner une vie qu'à donner la mort », je dirai que c'était votre honneur, Votre Honneur, de relâcher d'entre vos griffes le souriceau cycliste dans une nature urbaine suffisamment hostile, sans cette louche infamante que vous jugeâtes bon de lui rajouter ce nonobstant, et qui lui fait boire la coupe de votre mépris jusqu'à la lie. Ou plutôt jusqu'à l'hallali, ce cri de fausse victoire, car l'agonie de la bête ne précédera que de peu celle de l'humain.

Madame, je n'ai pas l'honneur.

Et si, face à la gangrène automobile, on tranchait dans le vif ? Pour changer la ville, toutes les solutions pondérées et réalistes ont été avancées.

Laissons tomber un instant le réalisme. Envisageons le plus sérieusement du monde ce préalable simple, loin des atermoiements et des demi-mesures en eau de boudin : TOUTE CIRCULATION AUTOMOBILE EN VILLE EST INTERDITE.

La réplique ne tarderait pas, cinglante : c'est irresponsable et attentatoire aux libertés individuelles. Et nous serions congédiés d'un revers de la main.

Irresponsable ? Mais ce qui est irresponsable, économiquement, écologiquement et humainement, ce sont les millions d'heures perdues aux mêmes heures chaque jour dans des encombrements monstrueux. Ce sont les milliards de litres de carburant inutilement consommés à l'arrêt. Ce sont les billions de mètres cubes de gaz d'échappement lâchés dans l'atmosphère. C'est l'énergie vitale de toute une population active engloutie, et le stress généré par les heures de bouchons.

Attentatoire aux libertés ? Ce qui est attentatoire à la liberté, c'est l'état actuel de la circulation qui ne permet plus de circuler. C'est l'hégémonie automobile qui, de fait, n'admet pas la coexistence avec d'autres moyens de transport. Ce sont les graves atteintes au droit de respirer.

Cette mesure, en apparence coercitive, restaurerait en fait la véritable liberté de mouvement par la mise en place d'un réseau de transports astucieux, qu'une inflation automobile délirante ne permet même plus d'imaginer.

Et c'est peut-être celui-là, le droit de l'homme le plus menacé : le droit d'imaginer. En ville, la voiture a imposé sa présence à un point tel qu'on n'imagine pas qu'il y ait eu une vie avant elle ni qu'il puisse y en avoir une après.

La paranoïa automobile ne verra dans ce discours qu'une tentative de putsch de la bicyclette. Un coup d'état militaro-cycliste. Replié bec et ongles derrière son tableau de bord, l'automobiliste, à la simple évocation de sa possible disparition de la planète urbaine, hurle déjà au complot contre la démocratie. Par la vitre légèrement baissée, il entend le sourd grondement des hordes de cyclistes.

Les vélos sont entrés dans Paris. C'est sûr, ils défilent déjà en vils triomphateurs sur les Champs-Elysées, comme avant eux les troupes allemandes ou le Tour de France chaque été, qui était déjà un signe avant-coureur (cycliste) de l'invasion.

La pompe entre les dents, au lieu du couteau des communistes, ils vont installer partout leurs soviets cyclables, convertissant de force à la bicyclette jusqu'aux vieillards et aux handicapés. L'ordre cyclophile va rouler sur la ville, d'un pneu ferme sur une jante d'acier. A la Saint-Barthélemy, ils badigeonneront de croix dénonciatrices vos portières de voiture et reviendront en bandes vous lyncher dans l'obscurité au bout d'un boyau crevé, à la lueur de leurs dynamos.

C'est, à peine exagéré, le tour que prendra avec un conducteur une conversation sur la suppression des voitures. S'attaquer à l'automobile, c'est s'en prendre à lui, directement, ainsi qu'à sa femme, ses enfants et son chien, par un regrettable phénomène d'identification déjà dénoncé. Ne le jugeons pas trop sévèrement : notre ami l'automobiliste est perdu pour la lucidité.

Il est du devoir du cycliste à l'air libre d'imaginer une autre ville, ce que l'automobiliste ne peut ni ne veut faire. Mais le totalitarisme, la contrainte par corps, ne sont pas dans la culture vélo. Le cycliste est pacifiste. Néanmoins, dans le tintamarre de klaxons, il se doit de faire entendre sa petite sonnette d'alarme.

Une ville sans voiture, ce n'est pas réaliste. Non. Mais il y a des moments pour le réalisme, et d'autres où c'est la candeur qui doit primer. C'est le réalisme qui nous a menés là où nous sommes. Ce n'est pas le réalisme qui nous en sortira. Le vélosophe milite tranquillement pour une forme de naïveté qui n'est rien d'autre qu'un œil neuf, qu'un regard de Candide, dont la vision du monde n'est pas cadrée par le caoutchouc du pare-brise.

Pour poursuivre cette métaphore qui parlera aux conducteurs, disons que la pensée doit parfois opérer à la façon de l'essuie-glace, quand le gros camion devant roule dans les flaques de boue. Un passage du balai sur la vitre redonne à la vision toute sa virginité.

Le préalable d'une ville sans voitures permet donc avant tout la libération de l'imaginaire. Car sur une table rase, tout redevient possible. L'horizon urbain nettoyé dégagera aussi l'horizon mental. Sur cette chaussée libre, dans cette ville qui nous paraîtra tout à coup plus vaste, toutes les folies imaginatives pourront enfin se déployer.

C'est peut-être cette fois au niveau individuel, personnel, que le territoire urbain sera investi. La rue réinventée par ceux qui la vivent, comme ce vieux rêve de « la terre à ceux qui la travaillent ». Cette réappropriation de la rue pourrait se révéler une belle prise de la Bastille.

Après tout, c'est dans la rue qu'ont toujours commencé les révolutions.

Bien sûr, une ville sans voitures poserait à son tour des tas de problèmes. Les contre-arguments se bousculent dans la bouche de mes contradicteurs réalistes. Mais n'est-il pas plus excitant de chercher à résoudre ces nouveaux problèmes, d'un point de vue dynamique, plutôt que de gérer un état de crise, sur la défensive ?

Evidemment, les difficultés abondent : comment faire pour les livraisons, les déménagements, les transports d'objets encombrants, les handicapés, la police, les ambulances, etc.

Restons confiants : des solutions astucieuses pourraient naître d'un grand brassage. Voilà un champ d'expérience pour les inventeurs à la petite semaine, les bricoleurs du concours Lépine. Toutes ces difficultés d'application, au lieu d'être des freins, seront de formidables stimulants de l'imaginaire collectif urbain. Car les questions inédites suscitent des réponses inédites.

Oui mais, ricanent mes contradicteurs, combien ça coûterait et qui paierait ? (La question du financement est la quintessence de l'attitude « réaliste », comme si on n'avait jamais vu des banquiers raisonnables engloutir des sommes phénoménales dans des gouffres déraisonnables.)

A ceci, deux réponses : d'abord, on ne mégote pas quand il s'agit de survie. Ensuite, s'il y a coût exorbitant, il faut le comparer aux frais insoupçonnés générés par la présence de la voiture en ville. Et qu'on réaffectera avec bonheur dans des budgets plus réjouissants pour l'intelligence et les poumons.

Libéré des voitures, Paris nous apparaîtrait à la fois immense (toutes ces perspectives infinies, libres pour le regard !) et tout petit. Paris sans encombrements se traversera du nord au sud, en trois quarts d'heure à vélo, et peut-être deux heures à pied. On s'apercevra que c'est l'une des capitales européennes les plus petites, et donc les plus humaines. Paris redeviendra à hauteur d'homme (et d'enfant).

On y redécouvrira la joie simple de l'usage des membres arrière. Comme les touristes à Venise, qui n'ont d'autres choix que d'arpenter la ville pendant des heures, sans jamais se plaindre, ont recours à la marche comme si elle était un moyen naturel de déplacement accordé à l'homme de tout temps, et sans penser sans cesse à lui substituer d'autres méthodes. A Venise, chacun laisse libre cours avec un secret plaisir à sa nostalgie de bipède.

Les Vénitiens aussi (ils sont 80 000) se sont adaptés à ce mode de vie mi-pédestre mi-maritime. L'absence de véhicules motorisés ne les empêche pas de mener une vie (plutôt plaisante !) de citoyen urbain complet.

Dans cette ville miraculeusement préservée, la voiture est consensuellement sacrilège. Pourquoi Paris libéré, qui pourrait être une ville aussi belle, ne bénéficierait pas du même consensus ? Le monde entier s'émeut de voir Venise disparaître un jour sous la montée des eaux. Qui s'aperçoit que Paris s'enfonce peu à peu sous la marée automobile ?

Or donc, nous, auteur du présent traité de vélosophie, proposons au peuple de Paris, et au-delà des grandes villes, les mesures de salubrité publique suivantes :

1. Les véhicules individuels seront regroupés à toutes les portes de la ville dans de gigantesques parkings surveillés et gratuits. Chaque parking offrira un éventail plaisant de modes de transport vers la ville : métro, bus, tramways, vélos, taxis, vélo-pousse, tandems, calèches, fiacres, autruches avec une selle (sous réserve)... On peut amener ses rollers. Le prix de ces transports sera démocratique (la concurrence le permettra).

2. Taxis, bus, camions et véhicules prioritaires (police, ambulances) roulent dans des couloirs spécifiques et n'empruntent que les grands axes. Leur rumeur lointaine nous évoquera sinistrement ce qu'était le monde d'avant, comme une piqûre de rappel.

3. Les bus, à carburant propre, seront à « impériale » ; l'étage supérieur découvert permet de profiter de la qualité de l'air, et d'une vue imprenable sur la ville. Les couples, légitimes ou non, sont fermement invités à s'y embrasser.

4. Les chauffeurs de taxi auront reçu une formation psychologique très poussée leur permettant de garder le sourire même quand la course n'est pas assez longue à leur goût, ou en cas d'absence de pourboire.

5. Les vélos sont loués grâce à des cartes magnétiques qui permettent de les laisser à un autre endroit de la ville (comme un vulgaire Caddie de supermarché). Il est fortement recommandé aux cyclistes de chanter en pédalant.

6. Les modes de transports romantiques (calèches, fiacres...) sont les bienvenus. Se faire déposer au boulot par un fiacre confère une certaine noblesse au début de la journée et préserve un moment des mesquineries de bureau autour de la machine à café.

7. On n'exclura pas d'emblée l'éventualité d'un trafic restreint de dirigeables, qui pourrait donner à nos dirigeants une certaine hauteur de vue, ainsi qu'une vision globale et tangible de la population, échappant ainsi aux schémas statistiques abstraits.

8. On me permettra aussi d'ouvrir le canal Saint-Martin sur toute sa longueur, qui constituera avec le canal de l'Ourcq et la Seine un mini-réseau fluvial non négligeable. De La Villette au nord jusqu'au Grand Ouest parisien, on naviguera en *vaporetto*, à la vénitienne, à une vitesse respectable, et dans des conditions plutôt agréables (l'expression vaporetto-boulot-dodo n'a elle rien de cauchemardesque).

9. Petite innovation technologique : un genre de plate-forme sur rails, comme un tramway mais infiniment long, arpentera les grands boulevards, dans un sens puis dans l'autre, à la vitesse de la marche à pied. Cette plate-forme à déplacement lent, sans arrêts, proposera des sièges avec tables, voire des terrasses de café mobiles. L'avantage est qu'on puisse y monter et en descendre à tout moment. Elle permet d'interrompre une marche à pied, pour lire un peu tout en continuant d'avancer, ou de bavarder entre amis autour d'un verre sans interrompre le déplacement. Avec

cette impression qu'autour de la terrasse, c'est toute la ville qui défile à pas lents.

10. Dans les quartiers populaires, je serais assez partisan d'un retour des poules dans la rue. Juste pour le plaisir d'un envol de volatiles caquetant sur mon passage à vélo.

11. Une promenade strictement cycliste reliera tous les jardins publics et les traversera par des passages protégés, proposant ainsi un circuit mi-urbain mi-forestier unique au monde. C'est un privilège scandaleux pour le vélo, mais c'est la récompense de toutes ces années de lutte cycliste sur un bitume occupé.

12. Le périphérique sera enterré (qu'il repose en paix) avec un système d'aération emprunté aux tunnels de montagne, et des sorties de sécurité à toutes les portes. En surface, il sera remplacé par une promenade plantée d'arbres, pour piétons et cyclistes. Une gigantesque « coulée verte » autour de la ville, avec des thèmes forestiers : la pinède entre la porte d'Orléans et la porte d'Italie, la brousse entre Clignancourt et Clichy, la jungle entre Auteuil et Dauphine... La liaison entre le bois de Boulogne et le bois de Vincennes se faisant dans une ambiance chlorophyllienne ininterrompue : une vingtaine de kilomètres garantis « pleine nature ». Sans jamais voir une seule maison, aussi facilement qu'avant on le faisait sans jamais voir un arbre.

13. L'ancien tracé du chemin de fer de petite ceinture proposera le même genre de balades en milieu semi-sauvage. Mais avec un côté plus mystérieux, puisque le parcours est encaissé, comme un canyon. Voilà bien un résumé de l'éventail offert par le nouveau Paris : de la jungle moite au canyon Apache.

14. Et, enfin, un musée de la vie urbaine avant la révolution vélosophique sera édifié (et édifiant). On y contemplera des photos hallucinantes de la place de l'Etoile, constellée de voitures. Des vues choquantes de dizaine de personnes serrées sur un trottoir pour en laisser passer une ou deux dans

des caisses d'acier roulantes. On y découvrira des objets cocasses comme le parcmètre.

Des simulateurs proposeront des trajets en ville comme ils se pratiquaient alors : pare-chocs contre pare-chocs, à dix kilomètres à l'heure cloué sur un siège, dans les gaz d'échappement. Bref, de quoi bien rire de nos ancêtres ! (Ne riez pas, les ancêtres, c'est nous.)

On le notera, toutes ces propositions semblent procéder davantage de la rêverie que du critère de faisabilité. Faisabilité, l'horrible mot. Quand on l'a prononcé, on est tout accablé de sa pesanteur, on n'a plus envie, plus rien n'est faisable.

C'est qu'une ville ne doit pas être pensée, mais rêvée. Ne jouons pas petits bras. Il s'agit du destin commun de millions de personnes. Prenons nos responsabilités : rêvons ! La réalité se chargera bien assez tôt de jouer les rabat-joie, les grands ratiboiseurs avec ses critères de faisabilité.

La rêverie est un mode d'approche du réel très particulier (dont le vélo est un vecteur tout désigné, on l'a dit). C'est en quelque sorte une sœur indigne de la pensée, voire répudiée, mais dont la liberté fascine, fait envie. C'est une barque aux amarres détachées et qui vogue, insouciante, sur les courants secrets, pour quelquefois parvenir au même endroit que la troupe de rameurs exténués. C'est rageant !

Voilà pourquoi, à l'issue d'un siècle fracassant qui a vu le triomphe de la pensée volontariste, avec parfois ses dégâts irrémédiables (dont la voiture fut un bel emblème, l'a-t-on dit ?), il faut réhabiliter la force de la rêverie. Car il s'agit bien de « force ». La rêverie, plus souvent qualifiée de « douce » (elle l'est aussi, et c'est sa force !), est une arme d'une puissance insoupçonnée. La posture naturelle de relâchement et d'ouverture qu'elle implique libère dans l'atmosphère des énergies emprisonnées dont les effets invisibles seront un jour mesurés par une quelconque échelle de Richter.

Aussi, quand vous verrez passer un cycliste rêvassant, ne vous fiez pas à son allure inoffensive et bonasse : il prépare la conquête du monde.

Cet ouvrage a été composé par
Nord Compo (Villeneuve-d'Ascq)
et imprimé sur presse Cameron
par **Bussière Camedan Imprimeries**
à Saint-Amand-Montrond (Cher)
pour le compte de la Librairie Plon

Achevé d'imprimer en mai 2000.

N° d'édition : 13230. — N° d'impression : 002131/1.
Dépôt légal : mai 2000.
Imprimé en France